CW01371223

FICHES BAC

Tle

SVT

Coraline Madec
Professeure agrégée de Sciences de la vie et de la Terre

MAGNARD

Sommaire

La Terre, la vie et l'organisation du vivant

Enjeux planétaires contemporains

Corps humain et santé

Méthode

ANNEXE

Édition : Lucile Réveillon ; **Conception graphique :** Muriel Ouziane
Crédit photographique : p. 80 Ce qu'il risque d'arriver en France © Le Parisien/ Infographie - Intégrale ; **Cartographie :** Marie-Christine Liennard, Philippe Godefroy, Valérie Goncalves, Christel Parolini
Mise en page : Nord Compo

5, allée de la 2e DB - 75015 PARIS
www.magnard.fr
www.specialbac.magnard.fr

Achevé d'imprimer en novembre 2021 par Wilco aux Pays-Bas
Dépôt légal: janvier 2022 N° éditeur MAGSI20210700
PEFC PEFC/30-32-821

Description de l'épreuve

I L'évaluation de la spécialité au baccalauréat

1. La place des SVT dans le nouveau baccalauréat

• À partir 2021, les élèves de terminale passent un **nouveau baccalauréat**. Celui-ci accorde une place plus importante au **contrôle continu** (40 % de la note finale) et contient un nombre restreint d'**épreuves écrites** (1 en première et 3 en terminale).

• Dans ce baccalauréat, la **spécialité SVT** n'est pas évaluée en contrôle continu mais au cours d'**épreuves ponctuelles** :
– une **épreuve de spécialité** (une épreuve écrite et une épreuve expérimentale), qui aura lieu vers mars et contribuera à 16 % de la note finale ;
– un **Grand Oral**, qui aura lieu fin juin et contribuera à 10 % de la note.

2. Les épreuves ponctuelles

• L'épreuve de spécialité en SVT a lieu en mars au sein de l'établissement. Sur 20 points, elle contribue à 16 % de la note finale et comprend :
– une **épreuve écrite**, sur 15 points, d'une durée de 3h30. Elle contient deux exercices et évalue les connaissances du candidat (exercice de synthèse) et sa capacité à raisonner (exercice sur document) ;
– une **épreuve expérimentale** appelée ECE (→ *voir fiche 59*) sur 5 points, d'une durée de 1 h. Elle évalue la capacité du candidat à **manipuler** (réaliser une expérience) et **pratiquer une démarche scientifique**. Ici, aucune connaissance n'est évaluée.

> Le baccalauréat est obtenu pour les moyennes ≥ 10/20. Le système de mention est le suivant : mention assez bien (≥12), bien (≥14), très bien (≥16).

• En juin, le candidat passe un Grand Oral qui porte sur une ou les deux spécialités de terminale (dont la SVT). Cette épreuve représente 10 % de la note finale. Elle évalue des compétences formelles du candidat (communiquer à l'oral, argumenter) mais aussi ses connaissances (→ *voir fiches 57 et 58*).

• L'épreuve de spécialité ayant lieu plusieurs mois avant le Grand Oral, elle n'évalue pas tout à fait les mêmes connaissances.

En conséquence, le contenu des fiches 11, 25, 26, 34, 35 et 54 de cet ouvrage qui ne sont pas au programme de l'écrit, peuvent être évaluées lors du Grand Oral.

II Quelques conseils généraux

1. Comment apprendre ?

- L'apprentissage se travaille sur le long terme. Plus la mémoire est sollicitée, et plus les connexions qui s'établissent entre les neurones sont **durables**.

Conseil : travailler un peu chaque jour est donc plus efficace que travailler beaucoup la veille d'un contrôle.

- Être actif facilite l'apprentissage car de **nombreuses aires cérébrales** sont alors mises en jeu. Il ne faut pas hésiter à réciter son cours à haute voix, surligner les notions importantes, faire des fiches et des schémas-bilans.

Conseil : faire une carte mentale à la fin de chaque chapitre permet d'organiser ses idées, de faire le lien entre différentes notions et donc de comprendre la logique d'un chapitre. C'est un très bon moyen d'apprentissage.

- La mémorisation passe par la répétition. Pour retenir une **notion**, il est important de la revoir plusieurs fois. **Relire son cours** est indispensable, varier les supports (manuels, livre de révision, vidéo, etc.) est aussi intéressant car cela permet de vérifier si les notions ont été bien comprises.

2. Comment travailler ?

- Bien souvent négligé, le travail au brouillon est indispensable pour un travail de qualité. Dans les exercices de **restitution de connaissances**, il est très important de réfléchir au contenu (lister les notions) et de l'organiser selon un plan. Le travail au brouillon permet de réaliser une démarche cohérente et exhaustive.

- Dans les exercices de **raisonnement**, il est fortement recommandé d'analyser au brouillon chaque document puis de réfléchir à l'**ordre** dans lequel les analyser sur sa copie. Cet ordre est important car il constitue le « squelette » du raisonnement et reflète donc la logique du candidat et ce qu'il a compris du sujet.

Stabilités génétiques et évolution clonale

FICHE 1

La mitose* est une division cellulaire qui affecte les cellules somatiques de l'organisme (cellules non reproductrices) et permet de produire des cellules filles en théorie strictement identiques à la cellule mère dont elles sont issues : on parle de clones cellulaires*. Cependant, ce processus admet des erreurs et les clones cellulaires peuvent présenter un patrimoine génétique altéré.

I La mitose, un processus à la base du clonage

1. La formation de clones cellulaires

- Un clone désigne l'ensemble des cellules identiques entre elles, à quelques mutations génétiques près. Il s'agit donc de l'ensemble des cellules filles formées à partir de la même cellule mère.

- Après la mitose, les cellules filles peuvent rester à proximité les unes des autres (ex. : les cellules de l'épiderme) ou migrer indépendamment (ex. : les lymphocytes). Dans le premier cas, elles partagent une matrice extracellulaire (MEC) commune et forment un ensemble cohérent appelé tissu.

> Exemple : lors de la réaction immunitaire humorale, la rencontre avec un pathogène entraîne l'activation d'un lymphocyte B qui lui est spécifique. Le LB sélectionné se multiplie : on parle d'expansion clonale. Tous les clones ainsi produits libéreront les mêmes anticorps, tous spécifiques au pathogène.

- La multiplication végétative* est un mode de clonage à l'échelle des organismes. Cette reproduction asexuée permet à une plante de coloniser rapidement un milieu sans avoir besoin de rencontrer un partenaire (→ *voir fiche 23*).

2. L'intérêt agronomique du clonage

- Du fait de la totipotence des cellules végétales (→ *voir fiche 23*), il est très facile de cloner des plantes. Le clonage végétal représente d'ailleurs un enjeu important en agronomie : il est impliqué dans de nombreux processus horticoles comme le bouturage, le marcottage, la greffe, etc.

> Exemple : le bouturage est très pratiqué dans la culture des plantes potagères, ornementales et des arbres fruitiers.

---

* Tous les termes suivis d'un astérisque sont définis dans le lexique p. 125

À partir d'un bourgeon de rosier, on peut produire 200 000 à 400 000 rosiers identiques.

II L'évolution clonale et ses conséquences

• Si les clones produits sont en théorie tous génétiquement identiques, l'analyse de leur génome* révèle des **différences** dues à l'**accumulation d'erreurs** qui arrivent au cours de la mitose : mutation de gènes, pertes de chromosomes, etc.

Exemple : les variations de couleurs de la peau comme les taches de naissance ou les grains de beauté sont des manifestations visibles de l'évolution clonale. En effet, les différences de pigmentation proviennent de modifications génétiques bénignes.

• Ces accidents génétiques sont **irréversibles**. En effet, lorsqu'une cellule affectée entre en mitose, elle transmet ses anomalies génétiques à ses descendants, formant une nouvelle lignée cellulaire (sous-clone).

Exemple : l'ADN polymérase, en dupliquant l'ADN, commet une erreur tous les 10^6 paires de bases.

Soit $\frac{6,4.10^9}{10^6} = 6\,400$ mutations dans le génome entier à chaque cycle cellulaire. Il faut 45 divisions cellulaires successives pour former un humain de 3.10^{13} cellules (sans prendre en compte le renouvellement des cellules). Un individu possède donc au minimum 6 400 x 45 = 288 000 mutations.

À chaque mitose, deux cellules filles se forment. Sachant qu'un individu est constitué en moyenne de 3.10^{13} cellules, on peut écrire : $2^n = 3.10^{13}$ où n correspond au nombre de mitoses et $n \times \ln(2) = \ln(3.10^{13})$ d'où $n = \frac{\ln(3.10^{13})}{\ln(2)} \approx 45$.

• Lorsque les modifications affectent les gènes contrôlant le **cycle cellulaire**, la cellule peut se **diviser très vite** et devenir **immortelle**. On parle de **cancérisation**.

• Ces **accidents génétiques** contribuent à la **diversité génétique des clones cellulaires**.

Exemple : lors de la phase d'amplification clonale, les LB accumulent de nombreuses mutations dans les gènes impliqués dans la production des BCR. Ces mutations permettent la production de LB aux BCR encore plus sensibles à l'antigène : on parle de maturation d'affinité.

Le brassage des génomes au cours de la fécondation

FICHE 2

La **reproduction sexuée*** conduit à la production d'**individus génétiquement uniques**. Cette reproduction repose sur deux mécanismes générateurs de diversité : la production de gamètes par **méiose*** (→ *voir fiche 3*) et leur rencontre par **fécondation**.

La reproduction sexuée serait apparue il y a 1,5 Ga, comme un mécanisme permettant de lutter contre la dégradation de l'ADN, phénomène inévitable dans la reproduction asexuée.

1 L'organisation du génome d'un individu

- La **fécondation** désigne la rencontre de deux **cellules reproductrices haploïdes*** (à 23 chromosomes), l'ovule et le spermatozoïde, aboutissant à la formation d'un nouvel **individu diploïde*** (à 46 chromosomes).
- Ce dernier hérite de deux lots de **chromosomes homologues**, un d'origine paternelle et un d'origine maternelle, constituant 23 paires.
- Deux chromosomes homologues possèdent les mêmes gènes, mais peuvent avoir des **versions différentes** appelées **allèles**. Si les deux allèles d'un gène sont identiques, l'individu est **homozygote** pour ce gène. Si les **allèles sont différents**, il est **hétérozygote**.

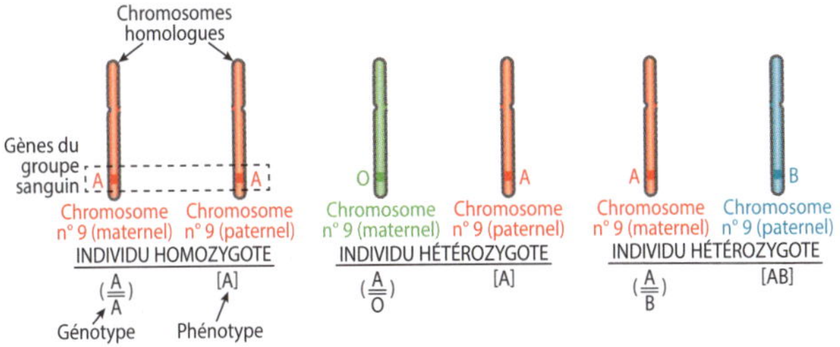

Chromosomes homologues
Gènes du groupe sanguin
A
A
Chromosome n° 9 (maternel)
Chromosome n° 9 (paternel)
INDIVIDU HOMOZYGOTE
(A/A)
[A]
Génotype
Phénotype
O
A
Chromosome n° 9 (maternel)
Chromosome n° 9 (paternel)
INDIVIDU HÉTÉROZYGOTE
(A/O)
[A]
A
B
Chromosome n° 9 (maternel)
Chromosome n° 9 (paternel)
INDIVIDU HÉTÉROZYGOTE
(A/B)
[AB]

Le génotype* de trois individus

- Chez un individu **hétérozygote**, généralement un seul allèle s'exprime. Cet allèle est dit **dominant**, tandis que l'autre est **récessif**.

Exemple : chez un individu (A//o), seul l'allèle A s'exprime. L'individu est de groupe sanguin [A]. L'allèle o est donc récessif. Seul un individu de génotype (o//o) pourra être de groupe sanguin [O].

• Dans certains cas, deux allèles peuvent s'exprimer en même temps : on parle de **codominance**.

Exemple : les allèles A et B sont codominants. Ainsi, un individu de génotype (A//B) sera de groupe sanguin [AB].

II La fécondation, un amplificateur de combinaisons alléliques

• La fécondation réunit deux gamètes au hasard et aboutit à une combinaison allélique unique.

• Elle **amplifie** le nombre de **combinaisons génétiques** possibles au sein d'une population. On parle du **brassage** (mélange) **génétique de la fécondation**.

• En connaissant les génotypes des différents gamètes, on peut prédire les génotypes et les phénotypes probables du futur individu à l'aide d'un **échiquier de croisement** (*voir ci-dessous*).

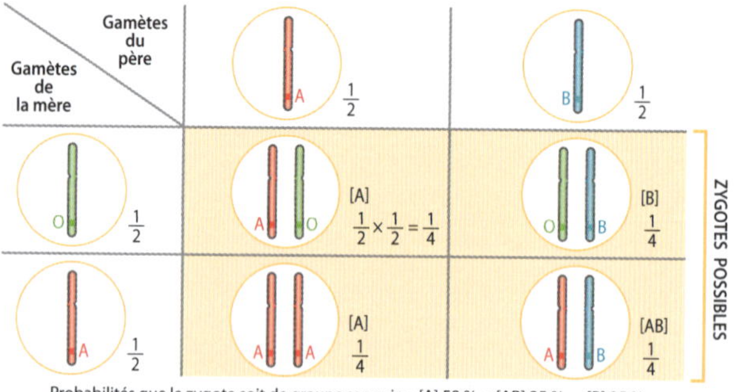

Gamètes du père
Gamètes de la mère
A
1/2
B
1/2
O
1/2
A
1/2
A O
[A]
1/2 × 1/2 = 1/4
O B
[B]
1/4
A A
[A]
1/4
A B
[AB]
1/4
ZYGOTES POSSIBLES
Probabilités que le zygote soit de groupe sanguin : [A] 50 % ; [AB] 25 % ; [B] 25 %

Échiquier de croisement entre deux individus (A//B) et (A//O)

Un génotype s'écrit entre parenthèses, les deux allèles d'un même gène séparés par une double barre (ex. : (A//a)). L'allèle dominant s'écrit en majuscule et l'allèle récessif en minuscule. Le phénotype s'écrit entre crochets (ex. : [A]).

• Si les gamètes sont **équiprobables**, les différentes combinaisons formées par fécondation seront **équiprobables**.

Exemple : un humain peut former plus de 8,4 millions de gamètes différents (→ *voir fiche 3*). Deux individus peuvent donc former en théorie $8{,}4.10^6 \times 8{,}4.10^6 \approx 7.10^{13}$ zygotes différents, soit environ 10 000 fois plus de combinaisons que l'ensemble de la population humaine.

Le brassage des génomes au cours de la méiose

FICHE 3

La **méiose**, combinée à la **fécondation**, permet le **maintien du caryotype*** d'une espèce au cours des générations et participe donc à sa **stabilité**. Elle est également **source de diversité** en générant un grand nombre de **gamètes différents**. Deux **brassages génétiques** sont mis en jeu.

I La méiose et le brassage interchromosomique*

- La **méiose** est une succession de deux divisions cellulaires, permettant de passer d'une **cellule diploïde** (46 chromosomes) à **quatre cellules haploïdes** (23 chromosomes).

- Chaque gamète formé reçoit une chromatide d'un des **deux chromosomes homologues** de la cellule mère.

- Au cours de l'anaphase I, la migration des chromosomes est aléatoire, si bien qu'un gamète peut hériter d'un chromosome d'origine paternelle ou maternelle avec la même probabilité, soit 50 % (→ *voir fiche 7*).

- Ainsi, la méiose peut aboutir à la formation de **2^n gamètes différents**, tous **équiprobables**, n étant le nombre de paires de chromosomes de la cellule mère.

> **Exemple :** un humain peut produire 2^{23} gamètes différents, soit 8,388 millions de possibilités.

- La méiose produit de nouvelles combinaisons de chromosomes ; on parle de **brassage** (mélange) **interchromosomique**. Ce brassage affecte les chromosomes et les gènes qu'ils portent.

- Le nombre de gamètes formés au cours de la méiose est d'autant plus élevé que le nombre de gènes à l'état **hétérozygote** est grand.

II La méiose et le brassage intrachromosomique*

- Lorsque deux **gènes sont liés**, c'est-à-dire qu'ils sont portés par **une même paire de chromosomes**, on remarque que la production de différents gamètes n'est plus **équiprobable** (→ *voir fiche 7*).

- Ici, la production de **génotypes recombinés**, c'est-à-dire différents des parents, témoigne d'un **mélange** des allèles entre deux **chromosomes homologues** : on parle de **brassage intrachromosomique**.

• Le brassage intrachromosomique a lieu durant la prophase I de la méiose. Les chromosomes homologues se regroupent par paire, ils s'apparient, puis échangent des fragments d'ADN par crossing-over*.

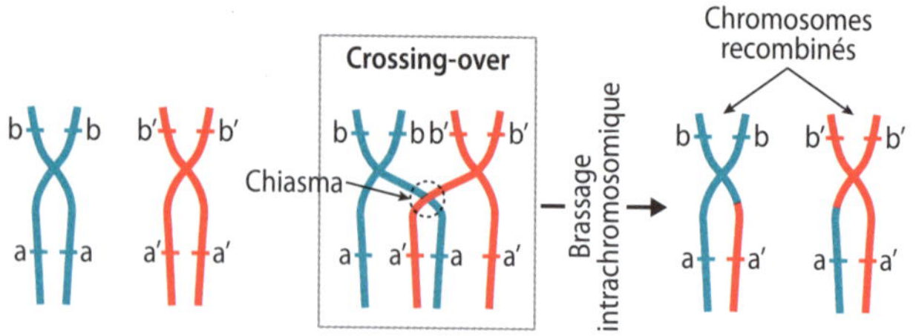
Crossing-over
Chiasma
Brassage intrachromosomique
Chromosomes recombinés
b b b' b' a a a' a'

Schéma du brassage intrachromosomique au cours de la méiose

• Les **crossing-over** étant des phénomènes rares, la formation de gamètes aux génotypes recombinés est donc **moins probable** que celle de gamètes aux génotypes parentaux.

Exemple : un individu de génotype (AB//ab) formera davantage de gamètes (AB/) et (ab/) que de gamètes recombinés (Ab/) et (aB/).

III La transmission des caractères au cours de la méiose

• Lorsque l'on étudie la transmission d'un seul gène au cours de la reproduction sexuée, on parle de **monohybridisme**.

Les caractères (ex. : le daltonisme) portés par les chromosomes sexuels (X ou Y) n'affectent pas les hommes et les femmes de la même manière.

• Lorsque l'on s'intéresse à la transmission de deux caractères, on parle de **dihybridisme**. Si l'individu est **hétérozygote** pour les deux gènes, il pourra produire 4 gamètes différents.

– Si les deux gènes sont **indépendants** (portés par différents chromosomes), la production des **4 types de gamètes** sera **équiprobable** et dépendra du **brassage interchromosomique**.

– Si les deux gènes sont **liés** (portés par la même paire de chromosomes), la production des gamètes de **génotype parental** sera **plus probable** que celle des gamètes au **génotype recombiné**. Le **brassage intrachromosomique** sera également mis en jeu.

Les principes de base de la génétique

FICHE 4

Les principes fondateurs de la génétique ont été découverts au milieu du XIXe siècle. Aujourd'hui encore, ils sont à la base des études épidémiologiques s'intéressant aux problèmes de santé des populations.

I Les principes de transmission des caractères découverts par Mendel

- En 1865, Gregor Mendel étudia la transmission de différents caractères, au cours des générations, chez des plants de petits pois.

- Mendel s'intéressa notamment à la forme des graines (ridées, lisses), à la taille des tiges, à la couleur des fleurs, etc. Sa démarche rigoureuse et son approche statistique lui permirent d'établir les principes fondateurs de la génétique.

– Un caractère peut exister sous deux formes (aujourd'hui appelées allèles) : l'une dominante, l'autre récessive.
– Lors de la reproduction sexuée, un individu hérite de deux facteurs (aujourd'hui appelés gènes) pour chaque caractère.
– Les gamètes n'héritent que d'un seul des deux facteurs, de façon aléatoire.

- Grâce au grand nombre de croisements effectués, il établit deux lois, appelées les « lois de Mendel ».

– Si l'on croise deux individus de lignées pures (c'est-à-dire homozygotes), tous les descendants de la première génération, appelés F1, possèderont le même phénotype (hétérozygote).
– Si l'on croise entre eux deux individus F1, on obtient une descendance non homogène dans des proportions bien définies : 25 % d'homozygotes récessifs, 25 % d'homozygotes dominants et 50 % d'hétérozygotes. Remarque : cette loi ne s'applique que dans le cas de monohybridisme (→ *voir fiche 3*).

II La génétique comme outil de diagnostic

Les principes de transmission héréditaire des caractères décrits au XIXe siècle sont toujours utilisés, notamment dans l'étude des maladies génétiques comme la mucoviscidose.

1. Une première étude épidémiologique de la mucoviscidose

- En 1946, trois hypothèses étaient admises sur l'origine de la mucoviscidose : une origine infectieuse (virale ou bactérienne), une carence alimentaire au cours de la grossesse ou une origine génétique.

- Dorothy Anderson s'intéressa à la **prévalence** (fréquence) de la maladie dans la population américaine. Elle démontra qu'un individu avait 550 fois **plus de risques** d'être atteint si un membre de sa famille était malade et conclut à l'**origine génétique** de la maladie.

- Elle fit alors l'hypothèse que la maladie était **monogénique**, c'est-à-dire transmise par **un seul gène**. En s'intéressant aux arbres généalogiques des familles touchées par la maladie, elle découvrit que des parents sains pouvaient avoir des enfants malades et conclut ainsi que la maladie était gouvernée par un allèle récessif.

- Dans son hypothèse et selon les **lois de Mendel**, deux individus porteurs sains avaient donc 25 % de probabilités d'avoir un enfant malade.

- Dorothy Anderson détermina, sur 31 familles, que deux parents porteurs sains avaient en moyenne 22,4 % de risques d'avoir un enfant malade. L'hypothèse de la monogénie fut donc confirmée.

2. Les mutations à l'origine de la maladie

- Par la suite, les progrès en génétique, et notamment dans le **séquençage** de l'ADN, ont permis de découvrir le gène responsable de la mucoviscidose : le **gène CFTR**, sur le chromosome 7.

- Le séquençage du gène chez de nombreux malades a permis d'identifier **une dizaine de mutations** à l'origine de la maladie. Parmi elles, ΔF508, la plus fréquente (66 % des cas), se traduit par la **délétion** de 3 nucléotides engendrant dans la séquence protéique un acide aminé en moins et donc une **protéine non fonctionnelle**.

Les accidents génétiques au cours de la méiose

FICHE 5

Des erreurs dans le déroulement de la méiose peuvent conduire à des **modifications importantes** du nombre de gènes ou de chromosomes. Si la plupart de ces anomalies ne sont pas viables, dans certains cas, elles peuvent contribuer à augmenter la diversité des génomes.

Génome : ensemble des gènes. Il est le même chez tous les membres d'une même espèce.
Génotype : ensemble des allèles d'un individu. Il est propre à chaque individu.

I Migration anormale du matériel génétique

1. L'origine des erreurs de migration

- Dans de rares cas, la **migration** des **chromosomes homologues** au cours de l'**anaphase I** se déroule mal : deux chromosomes homologues migrent du **même côté**.

- Une erreur peut également survenir lors de l'**anaphase II** : les deux chromatides d'un chromosome ne **se séparent pas** (non disjonction) ou migrent du même côté.

- Ces erreurs de migration entraînent la formation de **gamètes** anormaux avec un chromosome **manquant** ou **surnuméraire**, soit des gamètes à **22 ou 24 chromosomes**.

2. Les conséquences lors de la fécondation

- Au moment de la **fécondation**, l'union de deux gamètes à 24 et 23 chromosomes entraîne la formation d'un **zygote à 47 chromosomes**. L'individu hérite d'un chromosome surnuméraire à l'origine d'une **trisomie**. À l'inverse, l'union de deux gamètes à 22 et 23 chromosomes entraîne la formation d'un **zygote à 45 chromosomes**. L'individu sera atteint de **monosomie**.

- Beaucoup de ces anomalies ne sont pas **viables** et l'embryon ne se développe pas. Toutefois, certaines d'entre elles peuvent conduire à des **anomalies de développement** (ex. : le syndrome de Klinefelter, de Turner, etc).

II Crossing-over inégaux et famille multigénique*

1. Les crossing-over inégaux au cours de la méiose

• La très grande majorité des crossing-over (→ *voir fiche 3*) correspondent à des échanges équitables d'ADN. Toutefois, des appariements incorrects des chromosomes peuvent survenir.

• Un crossing-over inégal aboutit à la formation d'une chromatide qui possède plus d'ADN (gène surnuméraire) que l'autre (gène manquant). Lorsque le gène est présent sur une chromatide en deux exemplaires, on dit qu'il a été dupliqué.

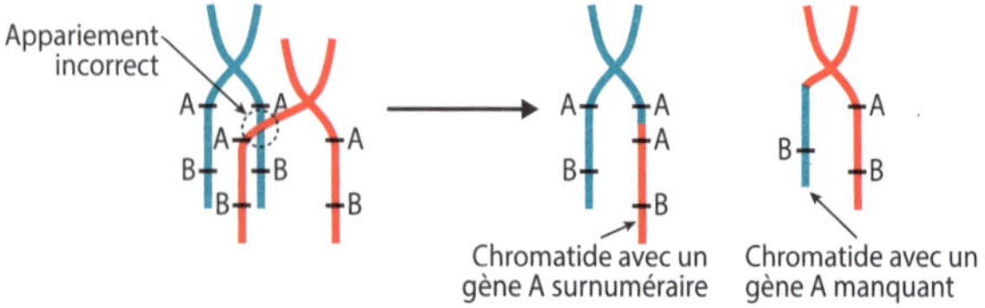

Appariement incorrect
A
A
A
A
B
B
B
B
A
A
A
B
B
B
A
B
Chromatide avec un gène A surnuméraire
Chromatide avec un gène A manquant

Schéma d'un crossing-over inégal

2. Des crossing-over aux familles multigéniques

• Lorsqu'un chromosome hérite de deux copies d'un même gène, ces deux derniers évoluent indépendamment. Au gré des mutations, la deuxième copie peut acquérir une nouvelle fonction et former un gène différent (ex. : opsine L chez les primates).

• Les deux gènes conservent toutefois une séquence très proche qui atteste de leur origine commune : on dit qu'ils forment une famille multigénique.

III La polyploïdisation* et l'apparition de nouvelles espèces

• Une espèce polyploïde est une espèce qui possède plus de deux lots de chromosomes homologues : elle peut être triploïde (3n), tétraploïde (4n), etc. Le doublement accidentel du matériel génétique peut survenir lors de la méiose : les chromosomes homologues ne se séparent pas.

• La polyploïdisation, très répandue chez les végétaux, permet notamment de rétablir la fertilité des individus hybrides (issus de la fécondation de deux espèces différentes), car elle conduit à l'apparition de paires de chromosomes homologues. Elle entraîne ainsi la création de nouvelles espèces.

Exercice commenté pas à pas

Le diabète* MODY

Sujet : Déterminer si le diabète MODY (forme très rare de diabète) est un diabète de type 1.

Le diabète est un ensemble de maladies qui se caractérisent par une concentration trop élevée en glucose dans le sang.
Le diabète de type 1, d'origine génétique, se manifeste avant 20 ans : les individus cessent soudain de produire de l'insuline* (hormone* régulant le glucose).

- **Document 1 : Arbre généalogique d'une famille atteinte par le diabète MODY**

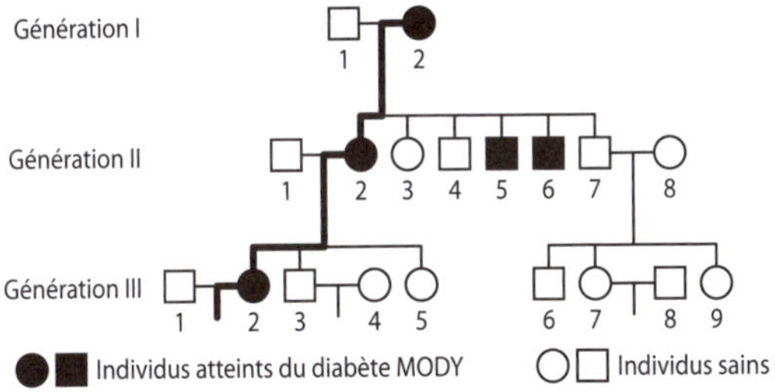
Génération I
1
2
Génération II
1
2
3
4
5
6
7
8
Génération III
1
2
3
4
5
6
7
8
9
Individus atteints du diabète MODY
Individus sains

- **Document 2 : Production d'insuline chez un individu sain et chez un individu atteint du diabète MODY**

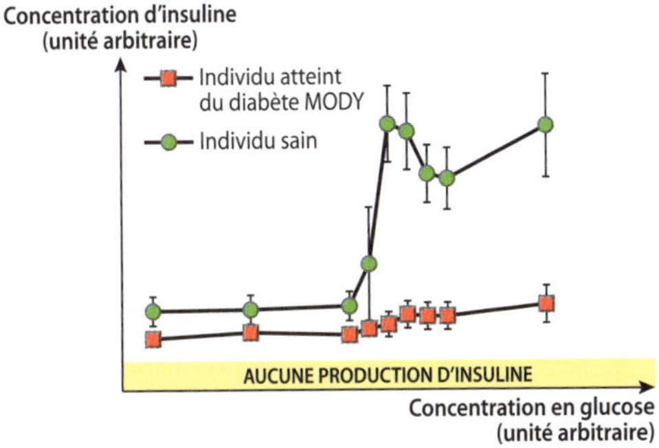
Concentration d'insuline
(unité arbitraire)
Individu atteint
du diabète MODY
Individu sain
AUCUNE PRODUCTION D'INSULINE
Concentration en glucose
(unité arbitraire)

Avant de commencer

- ▶ D'après l'arbre généalogique, le diabète MODY peut-il être une maladie génétique ?
- ▶ Quelles seraient ses caractéristiques ?

Étape 1 : déterminer si la maladie est d'origine génétique

Sur l'arbre généalogique (document 1), je peux voir que dans une famille, toutes les générations sont touchées par le diabète MODY alors qu'il s'agit d'une forme très rare de diabète. J'en conclus que le diabète MODY est héréditaire (origine génétique).
De plus, je constate qu'un couple sain ne peut pas avoir d'enfant malade. Je conclus qu'il n'existe donc pas d'individus porteurs sains et que l'allèle de la maladie est dominant.

Étape 2 : déterminer si la maladie est monogénique

J'émets l'hypothèse que la maladie est monogénique (gouvernée par un seul gène) et je note « M » l'allèle codant pour le diabète MODY et « s » l'allèle sain.
D'après les lois de Mendel, un couple sain (s//s) et malade (s//M) aura en moyenne 50 % d'enfants malades (s//M) et 50 % d'enfants sains (s//s).
Cette prédiction est cohérente avec le document 1, dans lequel on peut voir que le couple I.2 (s//M) et I.1 (s//s) ont eu 3 enfants sains (II.3, II.4 et II.7) et 3 enfants malades (II.2, II.5, II.6).

Étape 3 : caractériser la production d'insuline

Le diabète de type 1 se caractérise par une absence de production d'insuline.
Or, je peux voir dans le document 2 qu'une personne atteinte du diabète MODY produit de l'insuline, mais moins qu'une personne saine et cet écart augmente avec la concentration en glucose.
Le diabète MODY n'est donc pas un diabète de type 1. Il est probablement dû au dysfonctionnement d'un gène sensible au glucose et permettant de réguler la production d'insuline.

Génétique des populations

QUIZ-Mémorisation active

Questions	Réponses
Qu'est-ce qu'un clone cellulaire ?	L'ensemble des cellules qui sont issues de la même cellule mère et qui possèdent donc la même information génétique, à quelques mutations près.
Qu'appelle-t-on « brassages génétiques » ? Quand ont-ils lieu ?	Un brassage génétique désigne un mélange des allèles et aboutit à la création de nouveaux génotypes (combinaisons alléliques). Deux types de brassages génétiques interviennent au cours de la méiose : un brassage interchromosomique à l'anaphase I et un brassage intrachromosomique au cours de la prophase I. Un autre brassage est mis en jeu lors de la fécondation.
Quelles sont les conséquences possibles d'un crossing-over ?	Un crossing-over permet l'échange d'allèles entre deux chromosomes homologues. Ce mécanisme est à la base du brassage intrachromosomique et permet l'apparition de nouveaux génotypes dits recombinés. Lorsqu'un crossing-over est inégal, il peut conduire à une altération du nombre de gènes et engendrer l'apparition d'une famille multigénique.
Quels sont les avantages de la reproduction sexuée par rapport à la reproduction asexuée ?	La reproduction sexuée permet la stabilité du génome au cours des générations tout en permettant une grande diversité des génotypes, grâce aux différents brassages qu'elle met en jeu.
On croise deux souris de lignée pure, l'une au pelage noir, l'autre au pelage blanc. La F1 obtenue donne 100 % de souris au pelage noir. On croise une souris F1 avec une souris blanche. On obtient : 50 % de souris blanches, 25 % de souris noires et 25 % de souris brunes. La couleur du pelage est-elle gouvernée par un seul gène ? Argumenter.	On fait l'hypothèse du monohybridisme. On considère le gène gouverné par deux allèles n (noir), b (blanc). La F1 étant hétérozygote, son phénotype nous permet de déduire l'allèle dominant. Ici, les souris F1 sont noires, donc l'allèle n est dominant. Une souris blanche sera donc forcément homozygote (b//b). En croisant une souris (n//b) avec une souris (b//b) on devrait obtenir 50 % de souris noires et 50 % de souris blanches. Or, cela ne correspond pas aux résultats obtenus, l'hypothèse est donc fausse : la couleur du pelage n'est pas gouvernée par un seul allèle.

SCHÉMA-BILAN

Les deux types de brassage

Brassage interchromosomique

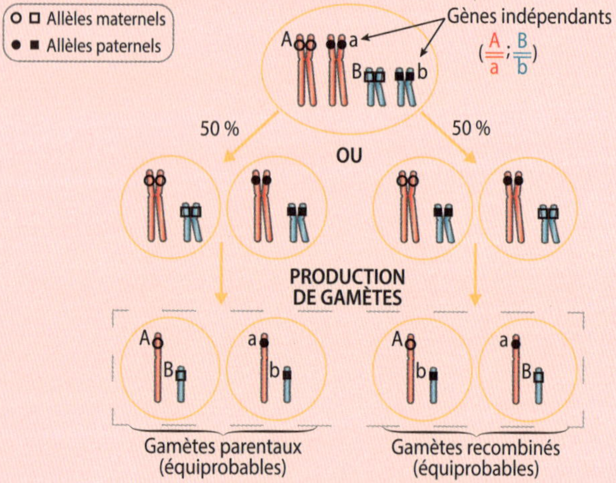

○ □ Allèles maternels
● ■ Allèles paternels
Gènes indépendants
(A/a ; B/b)
A
a
B
b
50 %
50 %
OU
PRODUCTION DE GAMÈTES
Gamètes parentaux (équiprobables)
Gamètes recombinés (équiprobables)

Brassage intrachromosomique

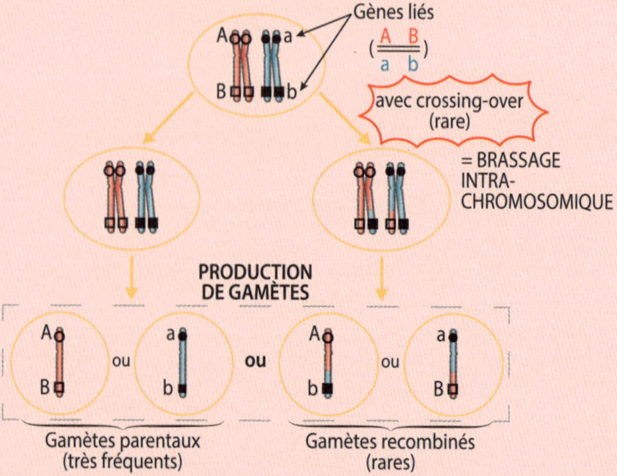

Gènes liés
(A B / a b)
A
a
B
b
avec crossing-over (rare)
= BRASSAGE INTRA-CHROMOSOMIQUE
PRODUCTION DE GAMÈTES
ou
OU
Gamètes parentaux (très fréquents)
Gamètes recombinés (rares)

FICHE 8

Les transferts horizontaux

Les informations contenues dans une molécule d'ADN sont codées par l'enchaînement des **nucléotides** (A, T, C et G). Ce langage, compréhensible par n'importe quel organisme vivant, permet des **échanges de matériel génétique** entre des espèces **différentes**.

I Les transferts horizontaux au sein du vivant

1. Des échanges d'ADN

- La **reproduction sexuée** permet le transfert de gènes de générations en générations : c'est un mode de **transfert vertical d'ADN**. On parle de **transfert horizontal*** lorsque les échanges d'ADN se font entre deux organismes contemporains, sans filiation.
- Le **transfert horizontal** permet l'acquisition de nouveaux caractères et contribue à la **diversification** des **génomes**.
- À la différence de la reproduction sexuée, il peut avoir lieu entre deux **espèces différentes**. De ce fait, il explique comment certains caractères apparaissent **indépendamment** dans des espèces **très éloignées** d'un point de vue **phylogénétique**.

2. Importance évolutive

- Les transferts horizontaux contribuent à l'**évolution des génomes**, indépendamment de la **reproduction sexuée**. Ils sont particulièrement fréquents chez les virus et les bactéries.
- Les **virus** sont des **parasites intracellulaires** qui intègrent leur génome à celui d'une **cellule hôte**. Si l'ADN de la cellule n'est pas réparé, ou que la cellule n'est pas détruite par le système immunitaire, elle pourra transmettre les **gènes viraux** à ses descendants. Chez l'humain, on estime que 8 % des gènes sont d'origine virale.

> **Exemple :** la formation d'un placenta nécessite l'intervention d'un gène codant pour une protéine, la syncytine. Très courant chez les virus, ce dernier aurait été transféré à l'ancêtre commun des mammifères il y a 100 millions d'années.

- Chez les **bactéries**, les transferts horizontaux sont des événements **très fréquents**. Ils sont à l'origine de la grande variabilité génétique des bactéries.

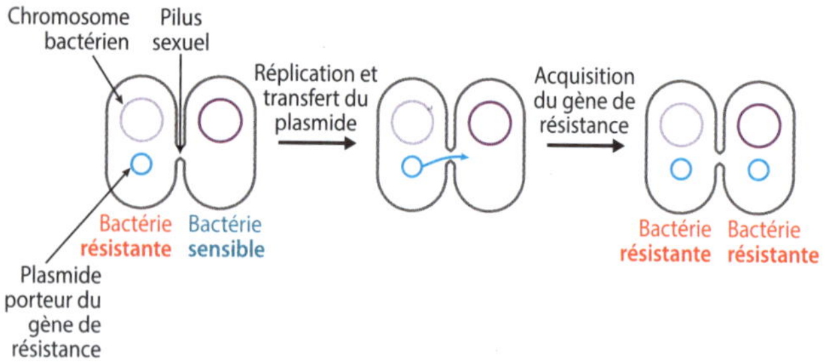
Chromosome bactérien
Pilus sexuel
Réplication et transfert du plasmide
Acquisition du gène de résistance
Bactérie résistante
Bactérie sensible
Bactérie résistante
Bactérie résistante
Plasmide porteur du gène de résistance

Schéma du transfert d'ADN par conjugaison et acquisition d'un gène de résistance à un antibiotique

- Les transferts de **plasmides** (ADN circulaire) permettent notamment la transmission de gènes de **résistance aux antibiotiques**. On parle d'échanges par **conjugaison**. La conjugaison bactérienne explique la très grande rapidité avec laquelle une souche de bactéries devient résistante à un antibiotique.

II L'utilisation des transferts horizontaux en santé humaine

Génie génétique : ensemble des pratiques de biologie moléculaire permettant de modifier le génome d'êtres vivants.

- La **transgenèse** est un mode de **transfert horizontal** qui permet la **production d'OGM** (organismes génétiquement modifiés). En médecine, c'est un enjeu important car elle permet de produire des **molécules d'intérêt** à des fins **thérapeuthiques**.

Exemple : l'insuline utilisée pour traiter le diabète est aujourd'hui produite en laboratoire par des bactéries GM.

- La **thérapie génique** est un autre exemple de transfert horizontal utilisé à des fins **thérapeutiques**. Elle consiste à insérer, à l'aide d'un **virus modifié** (**vecteur**) comme le VIH, un **gène** « **médicament** » qui fait défaut chez un organisme. Cette thérapie constitue un espoir de traitement pour les **maladies génétiques**.

Les endosymbioses

FICHE 9

> **Organite*** : compartiment intracellulaire délimité par une membrane.

Les cellules eucaryotes sont des cellules compartimentées : elles possèdent des organites, dont un noyau. Parmi ces derniers, les mitochondries* et les chloroplastes* sont des organites très particuliers dans leur structure et leur fonctionnement. Ces spécificités sont des indices de leur origine endosymbiotique.

I Un rôle clé dans le métabolisme*

1. La mitochondrie, l'organite de la respiration cellulaire

- La mitochondrie constitue la centrale énergétique des cellules eucaryotes. En effet, elle est le siège du cycle de Krebs* (→ *voir fiche 46*) et de la chaîne respiratoire* (→ *voir fiche 47*). Elle permet donc de produire l'énergie indispensable à la cellule sous forme d'ATP* (→ *voir fiche 45*).

- En cas de stress cellulaire, la mitochondrie intervient également dans l'entrée en mort programmée de la cellule (apoptose).

2. Le chloroplaste, l'organite de la photosynthèse

Les chloroplastes sont présents uniquement dans les cellules végétales. Ils y jouent un rôle central puisque ce sont eux qui captent l'énergie lumineuse grâce à leurs chlorophylles*, et produisent par photosynthèse (→ *voir fiche 22*) du glucose, matière organique, et de l'énergie sous forme d'ATP.

II Une origine exogène

- Dès le début du XXe siècle, plusieurs arguments ont été avancés sur l'origine exogène (extérieure à la cellule) des mitochondries et des chloroplastes. Tout d'abord, ces organites ont une taille (< 10 μm) et une forme similaires à de nombreuses bactéries.

- À la différence des autres, ils ont une double membrane. Leur membrane interne présente de grandes similarités avec la membrane des procaryotes dans leur structure et leur composition.

- Les mitochondries et les chloroplastes ne peuvent pas être produits par la cellule *de novo*, ils sont forcément hérités. Par conséquent, ils se dupliquent de manière autonome.

Chez l'humain,
les mitochondries proviennent de l'ovule. Une anomalie dans ces mitochondries peut conduire à une maladie mitochondriale comme certaines maladies musculaires.

• Ces organites sont les **seuls** à posséder leur **propre ADN**, dont la **petite taille** (100 à 2 500 x 10^3 paires de bases) et l'organisation en **chromosome circulaire** les rapprochent des **procaryotes**. On les dit semi-autonomes car ils sont capables de dupliquer leur ADN et de synthétiser leurs propres protéines. Toutefois, ils restent **dépendant** de la cellule, car ils sont **incapables** de produire certaines **protéines indispensables** à leur fonctionnement.

III La théorie endosymbiotique

• L'**endosymbiose*** désigne une **symbiose** entre deux organismes vivants, où l'un des partenaires vit **à l'intérieur de l'autre**. La **théorie endosymbiotique** suppose que les **mitochondries** et les **chloroplastes** ont été acquis de cette manière, jusqu'à devenir des **compartiments** des cellules eucaryotes.

• Une première **endosymbiose** aurait eu lieu il y a 2 à 3 milliards d'années entre une α-protéobactérie et l'ancêtre des cellules eucaryotes. Cette symbiose aurait ainsi permis à la cellule eucaryote primitive d'acquérir un **nouveau métabolisme** (la respiration).

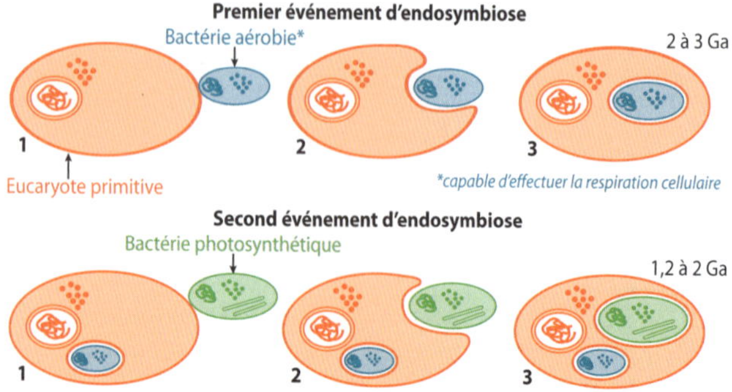
Premier événement d'endosymbiose
Bactérie aérobie*
2 à 3 Ga
1
2
3
Eucaryote primitive
*capable d'effectuer la respiration cellulaire
Second événement d'endosymbiose
Bactérie photosynthétique
1,2 à 2 Ga
1
2
3

Schéma de la théorie endosymbiotique

• Une seconde endosymbiose aurait eu lieu, il y a 1,2 à 2 milliards d'années, entre une cellule eucaryote et une cyanobactérie et serait à l'origine des cellules végétales de la lignée verte. Cette **endosymbiose** aurait permis aux cellules d'exploiter l'**énergie lumineuse** par **photosynthèse** et de conquérir de nouveaux écosystèmes.

L'inéluctable évolution des génomes

FICHE 10

Le principe (ou l'équilibre) d'Hardy-Weinberg est une équation mathématique qui explique la stabilité de la fréquence des allèles au sein d'une population. Si cette équation se vérifie sur une courte échelle de temps, l'évolution perpétuelle de la biodiversité montre toutefois qu'elle admet des limites.

Population : ensemble des individus qui se reproduisent plus souvent entre eux qu'avec les autres individus de la même espèce.

I Le principe d'Hardy-Weinberg et ses limites

1. Présentation du modèle

- On considère un gène qui possède deux allèles : B et b.
- Soit « p » la fréquence de l'allèle B dans la population et « q » la fréquence de l'allèle b, l'équation d'Hardy-Weinberg s'écrit :

$$(p + q)^2 = p^2 + 2pq + q^2 = 1$$

- p^2 désigne la probabilité qu'un individu soit homozygote (B//B), $2pq$ la probabilité qu'il soit hétérozygote (B//b) et q^2 la probabilité qu'il soit homozygote (b//b).
- Le principe d'Hardy-Weinberg permet, en observant les phénotypes présents dans une population, d'en déduire la fréquence des allèles.

2. Les limites du modèle

- Confronté au réel, l'équation d'Hardy-Weinberg n'est pas toujours vérifiée. Au contraire, de nombreux facteurs empêchent d'atteindre cet équilibre théorique :
  - les mutations ou les échanges de gènes avec d'autres populations ;
  - la taille limitée d'une population qui accentue la dérive génétique* ;
  - la sélection naturelle* qui augmente la fréquence des allèles avantageux dans un milieu ;
  - la fécondation si elle n'est pas aléatoire (ex. : préférence sexuelle pour un type de partenaires).
- Si dans la population étudiée, le principe d'Hardy-Weinberg n'est pas respecté, on en déduit qu'un des facteurs ci-dessus est en jeu. Ainsi, cette équation sert de point de départ pour étudier la dynamique d'une population.

II L'évolution de la biodiversité

Sur une longue échelle de temps, les fréquences alléliques des populations se modifient et l'équilibre d'Hardy-Weinberg n'est pas respecté. La sélection naturelle et la dérive génétique sont les deux forces évolutives majeures.

1. La sélection naturelle, tributaire du milieu

- Les individus les **mieux adaptés** à leur environnement ont **plus de probabilités** de se reproduire et donc de transmettre leurs allèles. Ainsi, au fur et à mesure des générations, les **allèles avantageux** dans un milieu donné sont de plus en plus fréquents : ont dit qu'ils sont **sélectionnés**.

> **Exemple :** en Arizona, dans les régions basaltiques (sol noir), on observe plus de souris à abajoues au pelage sombre (90 %) que de souris à abajoues au pelage clair (10 %). Le phénomène est inverse dans les régions sableuses où les souris claires sont majoritaires (80 %).

- Deux populations isolées géographiquement ne subissent pas de la même manière la **sélection naturelle**. Au cours du temps, les différences génétiques s'accumulent et ces populations peuvent perdre leur capacité à se reproduire entre elles : elles forment alors deux espèces distinctes. Il y a eu **spéciation**.

2. La dérive génétique et l'effet du hasard

- La **dérive génétique** est un **mécanisme aléatoire** qui conduit à la variation des fréquences alléliques dans une population, sans que le milieu n'intervienne. Elle est d'autant plus **forte** que l'**effectif de la population** est **petit** et tient au **hasard** de la **reproduction sexuée** (rencontre des partenaires, production des gamètes, etc.).
- Si des sous-populations se trouvent isolées, elles subissent une **dérive génétique différente** qui peut conduire à leur **isolement reproducteur** (spéciation).

> **Exemple :** en 1863, le creusement des tunnels du métro londonien a conduit à l'isolement d'une petite population de moustiques *Culex pipiens* qui aujourd'hui forme une nouvelle espèce *Culex p. molestus*.

D'autres mécanismes de diversification

FICHE 11

Le phénotype est gouverné par l'expression du génotype et de l'environnement. Par conséquent, la diversité du vivant peut également être soumise à des facteurs d'origine non génétique. C'est le cas des symbioses ou encore de la transmission d'éléments culturels.

I Les associations symbiotiques

Une symbiose est une association à bénéfices réciproques entre deux organismes. Cette association peut s'accompagner d'une modification du phénotype des partenaires (acquisition de nouveaux caractères, croissance plus rapide, etc.) sans modification génétique.

1. Le lichen et la conquête de nouveaux milieux

- Le lichen est une association symbiotique entre une algue photosynthétique et un champignon. Le champignon sert de support à l'algue et assure une protection contre les herbivores (production d'acides lichéniques) et la dessication, tandis que l'algue fournit de la matière organique au champignon.

- Cette association symbiotique permet au lichen de conquérir des milieux particulièrement hostiles (rocher, trottoir en bitume, etc.). Les lichens ont colonisé le milieu terrestre au Cambrien, avant les premiers végétaux terrestres.

2. Des microbiotes aux multiples fonctions

- Le microbiote désigne l'ensemble des bactéries symbiotiques qui vivent sur ou à l'intérieur d'un organisme. Chez l'humain, on distingue le microbiote intestinal qui joue un rôle essentiel dans la digestion, l'absorption des nutriments, et le microbiote cutané qui protège l'organisme contre les pathogènes.

- Le microbiote est transmis de la mère à l'enfant au moment de l'accouchement. Puis, il se modifie selon les comportements de l'individu (alimentation, mode de vie, hygiène, etc.).

> Exemple : la digestion des algues porphyra (algue noire), est permise grâce à la porphyranase, une enzyme que possède certaines bactéries intestinales, très fréquentes chez les amateurs de makis.

II La transmission de nouveaux comportements

1. Un mécanisme de diversification du vivant

Mème : élément culturel transmis par imitation d'un individu à un autre. Comme les caractères héréditaires, les mèmes peuvent apparaître, être sélectionnés ou disparaître par hasard.

• En dehors de sa **diversité génétique**, une **population** peut être définie par les **comportements** qu'adoptent ses individus. On parle de **culture** lorsque ceux-ci se transmettent au cours des **générations** (ex. : le chant des oiseaux).

• Ces traits, ou **mèmes**, contribuent à la diversification du vivant et peuvent conduire à la spéciation (l'émergence d'une espèce).

2. Le chant des oiseaux, fruit d'un apprentissage

• Dans les années 1940, William Thorpe montra que des pinçons élevés en laboratoire produisaient des **chants aberrants**, **très différents** de ceux de leurs **congénères sauvages**. Il en déduisit que le chant des oiseaux nécessitait une part d'apprentissage au contact des congénères. Par la suite, il montra que des oiseaux élevés en laboratoire, mais auxquels on avait fait **écouter des chants enregistrés** chantaient comme les **individus sauvages**.

• On sait aujourd'hui que le chant des oiseaux **se modifie** au cours du temps et des générations. Des **populations isolées** peuvent acquérir des chants très différents, si bien que les individus ne sont plus capables de se reconnaître et de se **reproduire** entre eux.

Exemple : les différentes variétés de pouillots verdâtres qui entourent actuellement le plateau tibétain sont issues d'une seule population ancestrale. Au cours d'un mouvement migratoire, les oiseaux se sont séparés en deux populations contournant le relief par l'est et par l'ouest. Aujourd'hui, les femelles sont incapables de reconnaître le chant d'un mâle d'une autre population.

Exercice commenté pas à pas

Des cichlidés africains

Sujet : Expliquer les variations de phénotypes dans la population du lac n° 1 et dans celle du lac n° 2.

Les grands lacs africains (dont le lac du Malawi) présentent une très grande diversité de poissons cichlidés. Le lac Malawi dénombre plus de 800 espèces variant par leurs couleurs, leur taille, la forme de leur mâchoire, etc. On s'intéresse ici à une espèce hypothétique de cichlidés où la couleur des individus est sous le contrôle d'un seul gène à deux allèles.

- **Document 1 : Localisation des deux lacs**

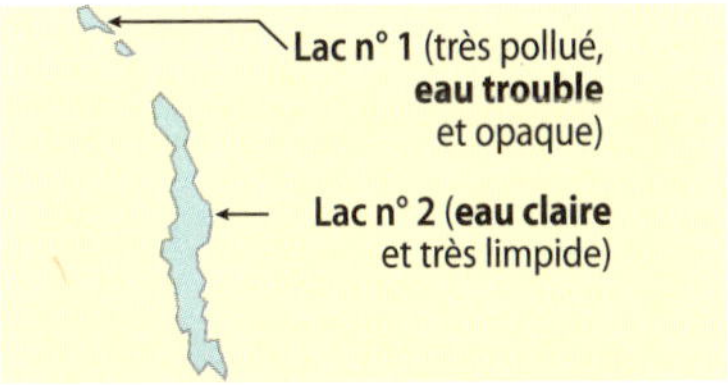

Lac n° 1 (très pollué, eau trouble et opaque)
Lac n° 2 (eau claire et très limpide)

- **Document 2 : Fréquence des phénotypes**

	Individus de couleur jaune	Individus de couleur bleue	Individus de couleur intermédiaire
Lac n° 1	160	360	480
Lac n° 2	150	800	50

Avant de commencer

▶ Déterminer le génotype qui code pour chaque phénotype.

▶ Les populations des deux lacs sont-elles à l'équilibre d'Hardy-Weinberg ?

Étape 1 : déterminer si la population est à l'équilibre dans le lac n° 1

Soit J l'allèle codant pour une couleur jaune et B l'allèle pour une couleur bleue. Ces deux allèles sont codominants puisque leur expression conjointe conduit à l'apparition d'un phénotype intermédiaire (document 2).

Pour la suite de l'exercice, j'écris « p » la fréquence de l'allèle B et q la fréquence de l'allèle J.
Je détermine la fréquence des allèles dans la population.

$$q = \frac{2 \times 160 + 480}{2 \times 1000} = 0,4 \, ; \, p = \frac{2 \times 360 + 480}{2 \times 1000} = 0,6.$$

Je suppose que la population est à l'équilibre d'Hardy-Weinberg et je détermine ses effectifs théoriques :

	Individus (J//J)	Individus (B//J)	Individus (B//B)
Formule théorique	q^2	2pq	p^2
Effectif théorique	$0,4^2 = 0,16$	$2 \times 0,6 \times 0,4 = 0,48$	$0,6^2 = 0,36$
Effectif réel	$\frac{160}{1000} = 0,16$	$\frac{480}{1000} = 0,48$	$\frac{360}{1000} = 0,36$

Les valeurs déterminées avec l'équation d'Hardy-Weinberg sont les mêmes que les valeurs observées dans la population. La population est à l'équilibre.

→ Étape 2 : déterminer si la population est à l'équilibre dans le lac n° 2

Je détermine la fréquence des allèles dans la population.

$$q = \frac{2 \times 150 + 50}{2 \times 1000} = 0,17 \, ; \, p = \frac{2 \times 800 + 50}{2 \times 1000} = 0,83.$$

Je suppose que la population est à l'équilibre d'Hardy-Weinberg et je détermine ses effectifs théoriques :

	Individus (J//J)	Individus (B//J)	Individus (B//B)
Formule théorique	q^2	2pq	p^2
Effectif théorique	$0,17^2 = 0,03$	$2 \times 0,17 \times 0,83 = 0,28$	$0,83^2 = 0,7$
Effectif réel	$\frac{150}{1000} = 0,15$	$\frac{50}{1000} = 0,05$	$\frac{800}{1000} = 0,8$

La population n'est pas à l'équilibre. Les conditions d'Hardy-Weinberg ne sont pas respectées. On constate qu'il y a beaucoup moins d'individus hétérozygotes (B//J) que ce que prédit l'équation d'Hardy-Weinberg. Un tel phénomène peut s'expliquer par une sélection sexuelle : les individus homozygotes se reproduisent préférentiellement entre eux d'où la rareté des hétérozygotes. Cette sélection sexuelle n'aurait pas lieu dans le lac n° 1, car les eaux opaques de ce lac pollué ne rendent plus possible cette sélection qui s'effectue probablement sur le visuel.

Les mécanismes impliqués dans la diversification du vivant

QUIZ-Mémorisation active

Questions	Réponses
Qu'est-ce qu'un transfert horizontal ? Un transfert vertical ?	Un transfert horizontal est un échange d'ADN qui a lieu entre deux individus sans filiation tandis qu'un transfert vertical a lieu entre les parents et leurs descendants.
Donner deux arguments pour défendre l'hypothèse de l'origine endosymbiotique des chloroplastes.	Les chloroplastes possèdent une double membrane et sont des organites semi-autonomes (ils possèdent leur propre ADN).
Donner deux exemples d'utilisation des transferts horizontaux par les biotechnologies.	La transgenèse, qui produit des OGM, et la thérapie génique dans le traitement des maladies génétiques.
Être de groupe sanguin A, B ou O n'a pas présenté d'avantage au cours de l'évolution des populations humaines (la transfusion sanguine étant très récente). Comment peut-on expliquer les fortes disparités des groupes sanguins d'un continent à l'autre ?	Les populations humaines ont une origine commune. Les variations dans la fréquence des allèles des groupes sanguins sont a priori aléatoires et viennent donc de la dérive génétique. Sur certains continents (notamment en Amérique), la colonisation par un petit groupe d'individus s'est accompagnée d'une très forte dérive génétique. On parle d'effet fondateur.
On imagine une population sauvage de tournesols, à proximité d'un champ de tournesols d'ornement. Les deux populations respecteront-elles l'équilibre d'Hardy-Weinberg ? Argumenter.	Très probablement pas. En effet, dans le champ, certains génotypes vont être favorisés par l'agriculteur car ils entraînent des phénotypes intéressants. La domestication* est un cas particulier de sélection (→ *voir fiche 25*). La population sauvage n'a probablement pas les mêmes fréquences alléliques que la population domestiquée. Étant à proximité, les deux populations risquent donc d'échanger des gènes, notamment par le biais d'insectes pollinisateurs, et de modifier les fréquences alléliques de la population voisine.

SCHÉMA-BILAN

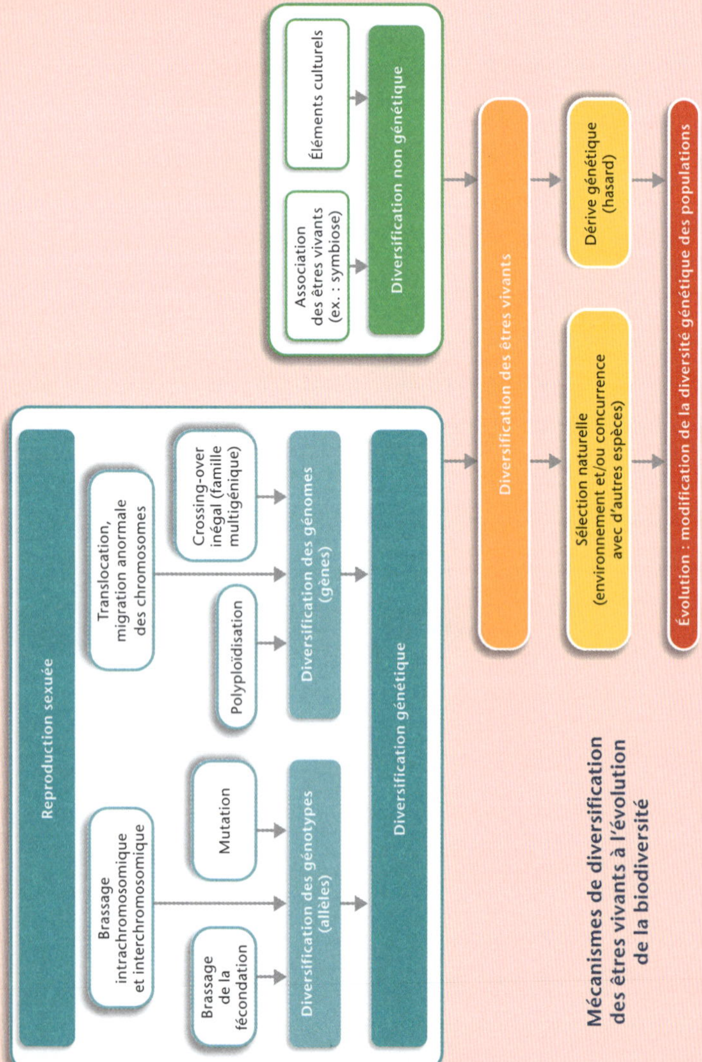

Reproduction sexuée
Brassage intrachromosomique et interchromosomique
Translocation, migration anormale des chromosomes
Brassage de la fécondation
Mutation
Polyploïdisation
Crossing-over inégal (famille multigénique)
Diversification des génotypes (allèles)
Diversification des génomes (gènes)
Diversification génétique
Association des êtres vivants (ex. : symbiose)
Éléments culturels
Diversification non génétique
Diversification des êtres vivants
Sélection naturelle (environnement et/ou concurrence avec d'autres espèces)
Dérive génétique (hasard)
Évolution : modification de la diversité génétique des populations

Mécanismes de diversification des êtres vivants à l'évolution de la biodiversité

Les principes de la datation relative

FICHE 14

À partir du XVIIIe siècle, l'âge de la Terre devient une question scientifique. Plusieurs disciplines s'attèlent au problème. La **stratigraphie***, basée sur l'étude des **couches géologiques** (**strates**), échoue à donner un âge absolu. Cependant, elle se révèle être un précieux outil de **datation relative***, permettant d'établir une **chronologie** entre différents événements.

I Relations géométriques des roches sédimentaires

- Les **roches sédimentaires** se forment par **dépôts successifs** de particules sédimentaires, très souvent en **milieu aqueux** (lacustre ou marin). Au cours du temps, sous le poids des dépôts, les particules se compactent et forment un ensemble cohérent : une **strate** (ou couche géologique).

- Les particules se déposant de manière horizontale, on considère qu'une strate a le même âge sur toute son étendue (principe de continuité).

- En étudiant les strates et leur agencement les unes par rapport aux autres, on peut établir une chronologie relative basée sur différents principes ou relations géométriques.

– Le **principe de superposition** : « En l'absence de bouleversements structuraux (ex. : chevauchements), une couche est plus **récente** que celle qu'elle recouvre et plus **ancienne** que celle qui la recouvre. »
– Le **principe de recoupement** : « Les couches géologiques sont plus anciennes que les événements (faille, strate) qui les recoupent. »
– Le **principe d'inclusion** : « Les fragments de roches sont plus anciens que la roche qui les contient. »

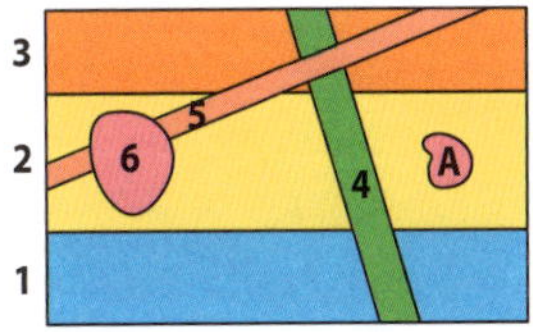

3
2
1
5
6
4
A

- D'après le principe de superposition : **1** (ancienne) > **2** > **3** (jeune)
- D'après le principe de recoupement : **3** > **4** > **5** > **6**
- D'après le principe d'inclusion : **A** > **2**

Illustration de la datation relative à partir des relations géométriques

II La biostratigraphie ou l'étude des fossiles

• À partir du **Phanérozoïque** (apparition des animaux à coquille, il y a 541 Ma), on peut retrouver des **fossiles** ou des **traces d'organismes vivants** dans les roches. Leur **identification** permet d'établir des chronologies relatives : on parle de **biostratigraphie**.

> **Exemple :** si une roche contient un fossile de dinosaure non avien (n'incluant pas les oiseaux), elle est antérieure à 65 Ma, période à laquelle ces dinosaures ont disparu.

• Pour constituer un fossile intéressant, une espèce doit être : facilement **identifiable**, facilement **préservée**, **abondante**, avoir une **répartition géographique étendue** et avoir vécu sur une **courte période** de temps.

> **Exemple :** les calpionelles sont des organismes planctoniques ayant vécu entre –150 à –136 Ma. Très abondants, ils sont des outils stratigraphiques de choix pour l'étude des roches entre le Jurassique et le Crétacé.

• Une **biozone** est une **unité géologique** qui se définit par un **ensemble de fossiles** (**contenu paléontologique**). Elle peut être caractérisée par l'apparition, la disparition ou l'abondance de fossiles précis. On considère que deux strates qui possèdent les mêmes fossiles se sont formées au même moment : c'est le principe d'identité paléontologique.

III L'établissement d'une échelle stratigraphique

• La construction d'une **échelle des temps géologiques** s'est développée avec l'essor de la **biostratigraphie**. En 1852, le géologue français Alcide d'Orbigny proposa un découpage chronologique basé sur des **assemblages fossiles** (**biozones**) observés dans des **lieux précis**, **servant de référence**, qu'il appela **stratotypes**.

• Aujourd'hui, la plupart des **intervalles chronologiques** sont toujours définis sur des **critères paléontologiques** (apparition d'un fossile). Sur le terrain, l'affleurement de référence est signalé par un clou en bronze doré et constitue un **point stratotypique mondial** (**GSSP***) ou « **clou d'or** ». Les GSSP sont établis par la **Commission internationale de stratigraphie**.

La radiochronologie, une datation absolue

FICHE 15

À partir du XVIIIe siècle, de nombreuses méthodes de datation de la Terre se développent, aboutissant à des âges très variés. Un consensus n'est trouvé qu'au XXe siècle, avec la découverte de la **radioactivité**.

I La radiochronologie, un principe de datation absolue*

1. Les principes de la radiochronologie

- Un élément radioactif (ou élément père) est un atome instable qui se désintègre au cours du temps en un autre élément dit **radiogénique** (ou élément fils), en émettant un rayonnement. C'est un phénomène **irréversible**. Au cours du temps, la quantité d'**éléments fils augmente** et la quantité d'**éléments pères diminue**.
- La **radiochronologie** est une méthode de **datation absolue** qui se base sur la quantité d'éléments radioactifs et radiogéniques présents naturellement dans les roches.

2. La demi-vie* et le choix d'un radiochronomètre

- La **demi-vie** désigne la période de temps qu'il faut pour que la **moitié** des éléments radioactifs se soient **désintégrés**. Elle dépend uniquement de la **nature de l'atome radioactif**.

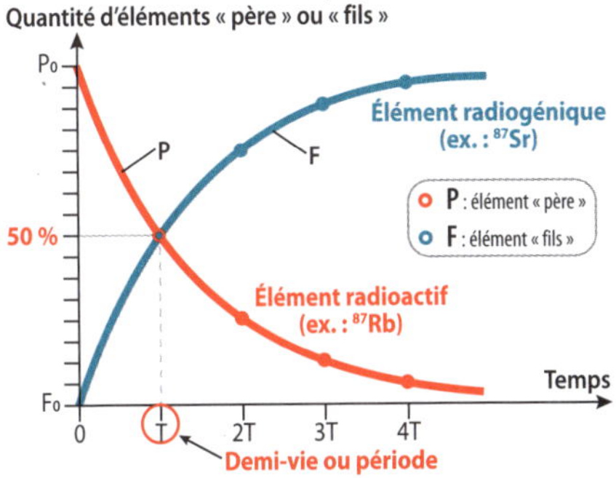

Quantité d'éléments « père » ou « fils »
Po
50 %
Fo
P
F
Élément radiogénique
(ex. : ^{87}Sr)
P : élément « père »
F : élément « fils »
Élément radioactif
(ex. : ^{87}Rb)
Temps
0
T
2T
3T
4T
Demi-vie ou période

Quantité d'éléments pères et fils au cours du temps

- Suivant les roches que l'on souhaite dater, on utilise différents **éléments radioactifs**, caractérisés par des **demi-vies** différentes : on parle de **radiochronomètres** ou **chronomètres**. Ces derniers permettent de mesurer des durées allant de **1/100 à 10 fois la durée de leur demi-vie**.

II La datation des roches par radiochronologie

1. Dater des systèmes fermés

- Pour dater correctement un échantillon, il faut que celui-ci n'effectue **aucun échange** d'éléments pères ou fils avec l'extérieur. Le **système** doit être fermé.

> Exemple : il est très difficile de dater des roches sédimentaires par radiochronologie car ces dernières échangent en permanence des éléments avec le milieu extérieur.

- Les roches **magmatiques** (issues du refroidissement d'un magma) et **métamorphiques** (issues de la transformation d'une roche à l'état solide) constituent des **matériels de choix** pour les datations.

2. Roches magmatiques et température de fermeture*

- Lorsqu'une roche magmatique **cristallise**, sa composition se fige et tout échange de matière cesse. On parle de température de fermeture pour désigner la température limite en dessous de laquelle les atomes radioactifs et radiogéniques ne diffusent plus et restent piégés dans le minéral.

- La température de fermeture d'un système dépend à la fois de l'élément considéré et du minéral. Au sein d'une **même roche**, les minéraux ont des **températures de fermeture différentes**, si bien que leur datation aboutit à des âges légèrement différents. L'âge d'une roche est, par conséquent, toujours donné avec un **intervalle de confiance**.

3. Étude des roches métamorphiques

- Les roches **métamorphiques** sont des roches d'origines variées qui se transforment à l'état solide suite à une augmentation de température ou de pression. Si, au cours du métamorphisme, la température de la roche **ne dépasse pas la température de fermeture**, l'âge mesuré sera celui de la **roche initiale**.

- Si, au contraire, sa température dépasse celle de **fermeture**, la roche se met à échanger des atomes avec l'environnement. Lorsque le métamorphisme cesse, la température de la roche diminue à nouveau et le **système se ferme**. La datation de la roche donnera donc l'âge de la fin de l'**événement métamorphique**.

Les traces du passé mouvementé de la Terre 1/2

FICHE 16

Une fois formées, l'essentiel des **roches continentales** restent en **surface** et sont recyclées au gré des **événements géologiques**. Les plus **vieilles roches continentales**, dans la baie d'Hudson au Canada, sont en effet presque aussi âgées que la Terre : elles ont **4,28 Ga**. Le domaine continental contient donc de nombreux indices du **passé géologique** de la Terre.

I Les roches continentales, témoins d'orogenèses successives

1. L'observation de la carte de France

• En France (→ *voir fiche 19*), on peut observer une grande **diversité des roches à l'affleurement** (roches magmatiques, métamorphiques et sédimentaires) et d'âges variés (de 2 Ga à l'actuel). On y distingue deux ensembles géologiques : les **bassins sédimentaires** (ex. : bassin parisien) et les **massifs montagneux** (ex. : Alpes).

• Les **massifs montagneux** se caractérisent par la présence de **roches magmatiques** et **métamorphiques** et un **relief** plus ou moins important. Ce sont des terrains qui présentent de nombreux **chevauchements et nappes de charriage** ainsi que des **plis** et des **failles inverses**.

2. Les différentes orogenèses

• L'**orogenèse** désigne la formation d'une chaîne de montagnes. Dès leur formation, celles-ci sont soumises à l'**érosion** qui conduit peu à peu à l'**effacement des reliefs**. Ainsi, sur la carte de France, on peut distinguer les massifs anciens, très érodés (faible altitude) et les jeunes chaînes de montagnes (forte altitude).

La chaîne alpine forme une vaste ceinture qui s'étend du Maroc à l'Indonésie.

• Ces reliefs sont issus d'**orogenèses successives** :
– l'**orogenèse icartienne** entre –2 200 Ma et –1 800 Ma. On en retrouve quelques indices dans le Massif armoricain parmi les plus vieilles roches terrestres (→ *voir fiche 19*) ;
– l'**orogenèse cadomienne** entre –740 et –540 Ma qui a formé les roches briovériennes du Massif armoricain ;

– l'orogenèse hercynienne ou varisque entre –435 à –295 Ma à l'origine du Massif armoricain, du Massif central, des Ardennes et des Vosges ;
– l'orogenèse alpine qui a commencé il y a 80 Ma et qui a conduit à la formation des Alpes, des Pyrénées et du Jura.

II Les ophiolites*, des roches océaniques dans le domaine continental

- Dans le domaine continental, comme au Chenaillet, dans les Alpes (→ *voir fiche 19*), on peut trouver des basaltes en coussins, des gabbros et des péridotites. Ces roches sont des morceaux de la lithosphère océanique qui ont été charriés (transportés) sur le domaine continental. On parle d'ophiolites ou de complexe ophiolitique.

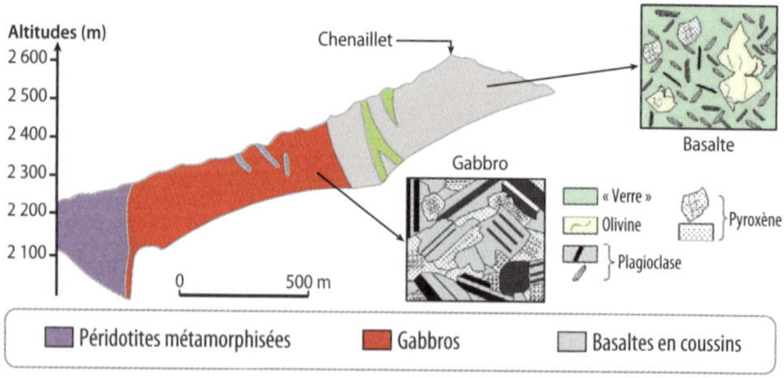

Altitudes (m)
2 600
2 500
2 400
2 300
2 200
2 100
Chenaillet
0
500 m
Basalte
Gabbro
« Verre »
Olivine
Plagioclase
Pyroxène
Péridotites métamorphisées
Gabbros
Basaltes en coussins

Coupe géologique schématique des ophiolites du Chenaillet

Métamorphisme : transformations que subit une roche à l'état solide, suite à des variations de pression et/ou de température.

- Un peu plus à l'est, au Queyras et au mont Viso, on trouve des roches océaniques, mais celles-ci ont été métamorphisées dans les faciès schiste bleu (présence de glaucophane) et éclogite (présence de grenat et de jadéite).

- Ces minéraux métamorphiques se sont formés à haute pression et témoignent de la subduction qu'ont subie les roches. Les ophiolites ont donc été exhumées (remontées en surface) puis charriées sur le domaine continental.

- Dans les Alpes, les ophiolites sont toutes situées entre la plaque africaine et la plaque européenne : elles forment une suture ophiolitique. Celle-ci s'est mise en place par obduction lors de la convergence continentale et constitue donc un marqueur de la collision.

Les traces du passé mouvementé de la Terre 2/2

FICHE 17

Le domaine continental contient donc de nombreux indices des événements géologiques passés : orogenèse, subduction océanique. La surface de la Terre étant fixe, ces événements de convergence se sont donc nécessairement accompagnés de mouvements de divergence, également visibles dans le domaine continental.

1 Les marges passives, des témoins d'une ancienne divergence

• Une marge est une zone de transition entre un domaine continental et océanique. La marge est dite passive si elle ne coïncide pas avec une limite de plaque comme dans la subduction océanique qui est marge active ou marge de convergence.

• Les marges passives se distinguent par une morphologie particulière : la présence de blocs continentaux basculés, délimités par des failles normales et recouverts par des sédiments. À l'inverse des marges actives, on ne note pas d'activité volcanique ou sismique particulière.

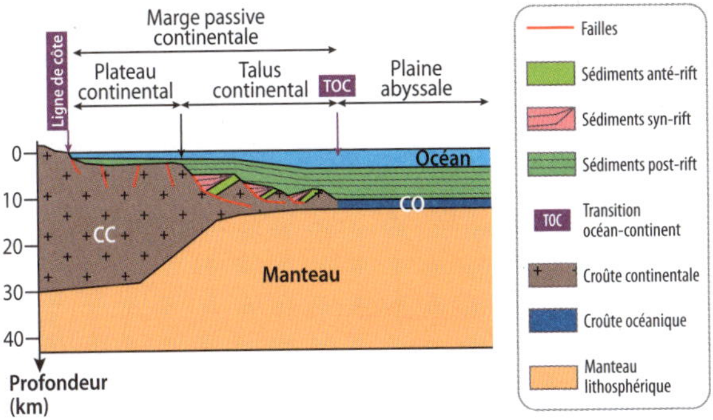
Marge passive continentale
Ligne de côte
Plateau continental
Talus continental
TOC
Plaine abyssale
Océan
CO
CC
Manteau
0
10
20
30
40
Profondeur (km)
Failles
Sédiments anté-rift
Sédiments syn-rift
Sédiments post-rift
Transition océan-continent
Croûte continentale
Croûte océanique
Manteau lithosphérique

Schéma d'une marge passive

• Les marges passives sont le résultat de l'ouverture d'un océan et commencent par un épisode de rifting (déchirure de la croûte continentale).

– La remontée passive de matériel asthénosphérique chaud (mouvement de convection) entraîne l'apparition de forces de divergence à la base de la croûte continentale.

– La croûte continentale se fracture et des blocs de roches, délimités par des failles normales, s'effondrent. La croûte s'amincit et, en surface, un fossé d'effondrement se forme. On parle de rift continental. Ce rift est le siège d'une activité sismique et volcanique importante.

• Si la divergence se poursuit, l'étirement de la croûte continentale continue jusqu'à ce que le manteau sous-jacent affleure. Les péridotites du manteau, qui subissent une brusque décompression, entrent en fusion partielle. Une dorsale se met en place. C'est le début de l'accrétion océanique.

II Le cycle orogénique* et la paléogéographie

• Aujourd'hui, les continents représentent 29 % de la surface de la Terre. Ils se sont principalement formés à l'Archéen (il y a 4 à 2,5 Ga), si bien que leur surface a peu changé depuis. En revanche, ils n'ont pas toujours occupé la même place.

• En 1912, Alfred Wegener défendit l'idée que les continents actuels sont issus de la fragmentation, il y a 300 Ma, d'un supercontinent : la Pangée. Pour étayer cette idée, il s'appuya sur des données paléontologiques, géologiques, climatiques... La paléogéographie était née.

• Cette discipline vise à reconstruire la géographie de la Terre au cours des temps géologiques et s'appuie sur des données géologiques et paléontologiques. Les avancées en paléogéographie ont permis de comprendre que l'existence de la Pangée n'était pas un phénomène isolé et que la Terre a connu au moins sept supercontinents au cours de son histoire.

• En effet, la dynamique de la lithosphère est cyclique et conduit à :
– des périodes de réunion des blocs continentaux en un supercontinent, par subductions océaniques. Celles-ci aboutissent à des collisions et donc des cycles orogéniques ;
– des périodes de fragmentation par mise en place de rifts puis de dorsales océaniques.

L'alternance d'une période de réunion puis de fragmentation forme un cycle de Wilson*. D'une durée de 400 à 600 Ma, on considère que la Terre a connu entre 8 et 12 cycles au cours de son histoire.

• Ces périodes ont une influence sur le climat. En effet, l'érosion des chaînes de montagnes engendre une fixation du CO_2 atmosphérique, et donc favorise un refroidissement du climat. À l'inverse, le volcanisme de dorsale libère du CO_2 et favorise donc un réchauffement (→ *voir fiche 29*).

Exercice commenté pas à pas

L'Anse du Cul Rond

Sujet : Reconstruire l'histoire géologique de l'Anse du Cul Rond.

La région de Jobourg, en Normandie, appartient au Massif armoricain. Elle a donc connu plusieurs orogenèses successives : l'orogenèse icartienne (de –2 et –1,8 Ga), cadomienne (de –740 à –540 Ma) et hercynienne (de –435 à –295 Ma).

- **Document 1 : L'Anse du Cul Rond**

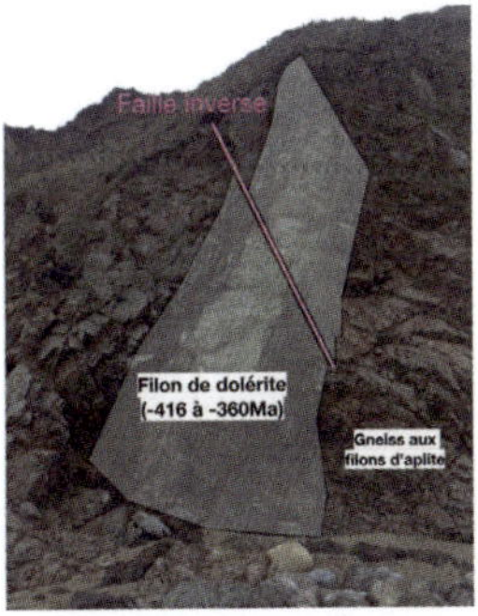
Faille inverse
Filon de dolérite
(-416 à -360Ma)
Gneiss aux
filons d'aplite

- **Document 2 : Le gneiss aux deux filons d'aplite**

Filon vertical
Filon horizontal

Les deux flèches suivent le même filon vertical.

- **Document 3 : Les plus vieilles roches de France**

Les gneiss de l'Anse du Cul Rond, âgés de 2 Ga, font partie des plus vieilles roches de France. Leur foliation atteste de la compression qu'elles ont subies dans un contexte de collision.

Avant de commencer

► Utiliser les principes stratigraphiques pour identifier les différents événements géologiques.

► À quelle(s) orogenèse(s) appartiennent ces différents événements ?

→ Étape 1 : identifier l'encaissant (la roche la plus âgée)

D'après la photographie 1, je peux voir deux roches : le filon de dolérite et le gneiss.
D'après les documents 1 et 3, je sais que le gneiss est âgé de 2 Ga et que la dolérite est âgée de –416 à –360 Ma. J'en conclus que dans l'affleurement, le gneiss est la première roche à s'être mise en place, c'est l'encaissant.
Le document 2 m'indique également que le gneiss est une roche métamorphique de collision. J'en déduis que la roche mère a été transformée en gneiss il y a 2 Ga, soit au cours de l'orogenèse icartienne.

→ Étape 2 : utiliser la stratigraphie pour dater la roche aux deux filons

Sur la photographie 2, je peux voir deux filons d'aplite : des filons verticaux et des filons horizontaux. Les filons verticaux sont décalés par les filons horizontaux. D'après le principe de recoupement, je déduis que les filons verticaux sont postérieurs au gneiss, mais antérieurs aux filons horizontaux qui les recoupent. En revanche, je ne peux pas dater de manière absolue les filons d'aplite ni les associer à une orogenèse précise.

→ Étape 3 : utiliser la stratigraphie pour reconstituer l'histoire de l'affleurement

Sur la photographie 1, je peux voir que le filon de dolérite recoupe le gneiss. D'après le principe de recoupement, il est donc postérieur au gneiss. Cette conclusion rejoint la conclusion de l'étape 1.
La dolérite est âgée de –416 à –360 Ma. D'après l'énoncé, j'en déduis qu'elle appartient à l'orogenèse hercynienne.
De plus, je vois que le filon de dolérite est recoupé par une faille inverse. La faille est donc postérieure au filon de dolérite. Or, je sais que les failles inverses sont des marqueurs de la collision. J'en déduis que la faille est aussi contemporaine de l'orogenèse hercynienne.

BILAN

Le passé géologique de la Terre

FICHE 19

QUIZ-Mémorisation active

Questions	Réponses
Quelle est la différence entre la datation absolue et la datation relative ?	La dation absolue permet de donner un âge (valeur chiffrée) à une roche en dehors de tout contexte. La datation relative permet de dater une roche par rapport à d'autres. Elle dépend donc du contexte dans lequel se situe la roche.
Quelles conditions une roche doit-elle remplir pour pouvoir être datée par radiochronologie ?	La roche ne doit plus échanger d'éléments avec l'extérieur : le système doit être fermé. Par conséquent, on étudie des roches magmatiques ou métamorphiques, pas les roches sédimentaires.
Qu'appelle-t-on l'obduction ? Quand a-t-elle lieu ?	L'obduction est le phénomène qui conduit au charriage d'un morceau de lithosphère océanique sur la lithosphère continentale. Il a lieu lors de la collision continentale dont il constitue l'un des marqueurs.
Qu'est-ce qu'une marge passive ? Comment se forme-t-elle ?	C'est la zone de transition entre un domaine océanique et continental, qui ne coïncide pas avec une frontière de plaques. Elle s'est formée dans un contexte de divergence qui a mis en place un rift continental puis une dorsale océanique.
Lors de l'étude d'une roche métamorphique de l'orogenèse icartienne prélevée à Lannion, on remarque que l'âge obtenu varie beaucoup entre les minéraux. Certains, par exemple, sont âgés de l'orogenèse hercynienne. Pourtant, il ne s'agit pas d'inclusion, ce sont bien les minéraux originels de la roche. Comment expliquer ce phénomène ?	Il y a plusieurs explications possibles. Le système n'était pas fermé. La roche a peut-être été altérée et certains de ses minéraux auraient échangé de la matière avec l'environnement. La roche a été réchauffée au cours des différentes orogenèses. La température aurait dépassé la température de fermeture de certains minéraux, remettant leur chronomètre à zéro.

SCHÉMA-BILAN

Carte géologique de France simplifiée

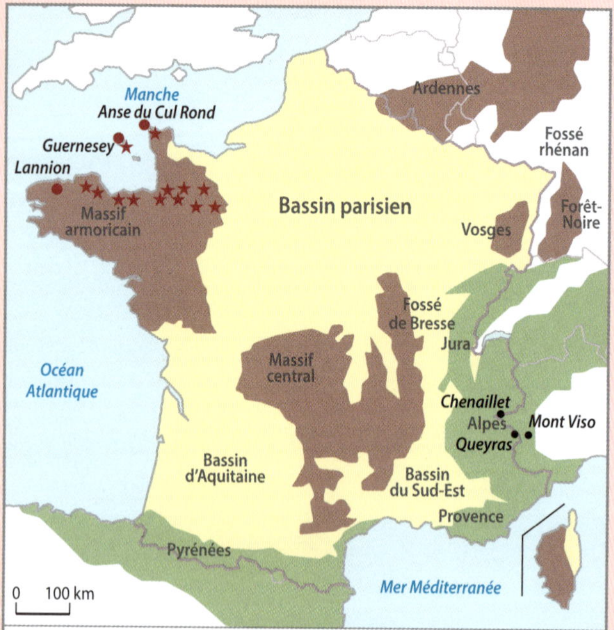

Manche
Anse du Cul Rond
Guernesey
Lannion
Massif armoricain
Bassin parisien
Ardennes
Fossé rhénan
Forêt-Noire
Vosges
Fossé de Bresse
Jura
Océan Atlantique
Massif central
Chenaillet
Alpes
Mont Viso
Queyras
Bassin d'Aquitaine
Bassin du Sud-Est
Provence
Pyrénées
Mer Méditerranée
0 100 km

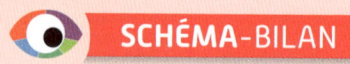

Bassins sédimentaires
= Roches sédimentaires à l'affleurement, faibles reliefs, terrains récents

Chaînes de montagnes

Orogenèses anciennes (majoritairement hercyniennes)
= Roches magmatiques et métamorphiques à l'affleurement, faibles reliefs, Moho peu profond

★ Traces de l'orogenèse cadomienne dans le Massif armoricain

● Traces de l'orogenèse icartienne dans le Massif armoricain

Orogenèse récente (alpine)
= Roches sédimentaires, magmatiques et métamorphiques à l'affleurement, forts reliefs, Moho profond

L'anatomie d'une Angiosperme

FICHE 20

Les **Angiospermes*** (plantes à fleurs) représentent 87 % des végétaux terrestres. Leur **anatomie** (→ *voir fiche 28*), à l'origine de leur **succès évolutif**, est particulièrement bien adaptée à un mode de **vie fixée**. En effet, leurs **grandes surfaces d'échange** (feuilles, racines) avec l'environnement, permet une **absorption très efficace** de **matière minérale** (eau, CO_2, sels minéraux).

I La feuille, un organe spécialisé dans les échanges avec l'atmosphère

1. L'organisation de l'appareil aérien

- L'**appareil aérien** désigne l'ensemble des **feuilles** et des **tiges** au contact de l'**air**. Les feuilles sont le **siège** de la **photosynthèse** (→ *voir fiche 22*), la réaction qui permet la production de **matière organique**. Elles sont spécialisées dans l'absorption de deux réactifs, le CO_2 et la lumière, et dans le rejet de l'O_2.
- L'**absorption** de la **lumière** se fait par toute la **surface** de la feuille. Celle-ci étant peu épaisse (centaine de µm), la lumière se **diffuse** dans les cellules du **parenchyme palissadique** où a lieu la **photosynthèse**.
- Plus la surface foliaire (surface de toutes les feuilles) d'une plante est grande, plus celle-ci intercepte de lumière et pourra produire de matière organique.

2. Les stomates* et les échanges gazeux

- Les feuilles échangent des gaz (CO_2, O_2, vapeurs d'eau) par des structures appelées **stomates**. Ces structures se situent généralement sur l'**épiderme inférieur** (non exposé à la lumière directe) et peuvent se **fermer** aux **heures les plus chaudes** de la journée.
- Le contrôle de l'ouverture des stomates permet l'absorption du CO_2 nécessaire à la photosynthèse tout en limitant les pertes d'eau.

L'indice stomatique correspond au nombre de cellules stomatiques par rapport au nombre total de cellules de l'épiderme inférieur. Sa valeur dépend de la quantité de CO_2 atmosphérique.

II Les racines et les échanges avec le sol

1. L'organisation de l'appareil racinaire

- L'appareil racinaire désigne la partie souterraine de l'appareil végétatif. Il est spécialisé dans l'absorption de l'eau et des sels minéraux présents dans le sol. Cette **absorption** se localise au niveau des **poils absorbants**, de longues cellules, qui ont une **paroi très fine** (→ *voir fiche 28*).

- La **croissance des racines** est **continue** (→ *voir fiche 21*), ce qui permet de puiser à différents endroits la **matière organique** et évite l'épuisement du sol. De plus, dans un milieu **pauvre**, l'appareil racinaire se ramifie, ce qui permet d'augmenter encore la **surface d'échange** avec le sol et donc l'**absorption** de **matière minérale**.

2. L'importance des mycorhizes* dans la nutrition des plantes

- L'établissement de **symbioses** (→ *voir fiche 11*) avec des champignons permet également de **maximiser l'absorption racinaire**. Ces **mycorhizes** (du grec *mycos*, « champignon » et *rhiza*, « racine ») concernent environ 90 % des plantes terrestres.

- Dans ces associations, la plante fournit aux champignons de la **matière organique** produite par **photosynthèse**. En contrepartie, les **filaments mycéliens** se substituent aux **poils absorbants** et augmentent la surface d'**absorption de la plante** d'un facteur de **10^3 à 10^4**.

III Les vaisseaux conducteurs* et la circulation de matière dans la plante

- L'absorption des différents réactifs de la photosynthèse étant séparée entre l'**appareil aérien** et l'**appareil racinaire**, la circulation de matière est indispensable dans la plante.

> **La circulation** de la sève brute, qui s'oppose à la gravité, est permise grâce à l'**évapotranspiration**. Les pertes d'eau au niveau des feuilles conduisent à un **appel d'eau** et font monter la sève brute.

- La **matière minérale** (eau et sels minéraux) circule des racines vers les feuilles dans les vaisseaux de **xylème**. Elle constitue la **sève brute**.

- La **matière organique** produite par photosynthèse (essentiellement du saccharose) circule des feuilles vers l'ensemble des organes dans des vaisseaux de **phloème**. Elle forme la **sève élaborée**.

La croissance d'une plante soumise au milieu

FICHE 21

Une plante peut **moduler** sa **surface d'absorption** racinaire et aérienne en fonction des **conditions du milieu**. Cette **réponse développementale** est possible car les plantes ont une **croissance continue**, contrôlée par des **phytohormones** sensibles à l'environnement.

I Les modalités du développement végétal

- Le développement des végétaux est infini : tout au long de sa vie, une plante croît et met en place de nouveaux organes (**organogenèse**) : tige, racine, feuille, etc. Le développement d'une plante est initié par des régions appelées **méristèmes***.

- Un **méristème** est constitué de **cellules indifférenciées** dont une partie, le **centre quiescent**, reste **en dormance** (et constitue une **réserve** de cellules souches) tandis que l'autre partie se **divise activement**. On distingue deux types de méristèmes : les **méristèmes racinaires** et **caulinaires**.

- Les **méristèmes racinaires** permettent la mise en place des **racines**. Les nombreuses **mitoses** des cellules méristématiques aboutissent à de nouvelles cellules qui s'**allongent** puis se **différencient** en tissus racinaires (vaisseaux conducteurs, cortex ou rhizoderme).

- Les **méristèmes caulinaires** permettent la mise en place alternée de **feuilles** et de **tiges**. La croissance de l'**appareil végétatif** se fait par la mise en place d'une succession de segments appelés **phytomères**, composés généralement d'une **tige**, d'un **bourgeon** et d'une **feuille**.

II Une croissance orientée du végétal

1. Les phytohormones, des régulateurs de croissance

- Les phytohormones sont des substances produites par les cellules végétales et qui régulent à faible concentration le développement de la plante.

- Les principales **phytohormones** sont l'auxine, les cytokinines, l'acide abscissique, les gibbérellines et l'éthylène. Ces dernières ont des **rôles multiples** qui varient selon l'**organe** et la **période**. Elles permettent ainsi l'**adaptation** de la plante aux **contraintes du milieu** et à l'**alternance** des **saisons**.

Exemple : l'auxine permet la croissance de l'appareil aérien, des fleurs et des fruits, mais inhibe la croissance des racines. L'éthylène entraîne la maturation des fruits, l'ouverture des fleurs et, à l'automne, la chute des feuilles.

2. Le tropisme*, une croissance orientée

- Les **phytohormones** permettent un **développement coordonné** de l'ensemble des cellules du végétal. On parle de **tropisme** lorsque cette croissance est orientée par un stimulus environnemental comme la lumière (phototropisme) ou la gravité (gravitropisme).
- Découvert par Darwin au XIXe siècle, le **phototropisme** permet à un végétal de **maximiser** l'interception de la **lumière** et donc sa **photosynthèse**. Cette réponse est due à l'action d'une **hormone**, l'**auxine**, qui stimule la croissance de l'appareil aérien en **direction du soleil**.

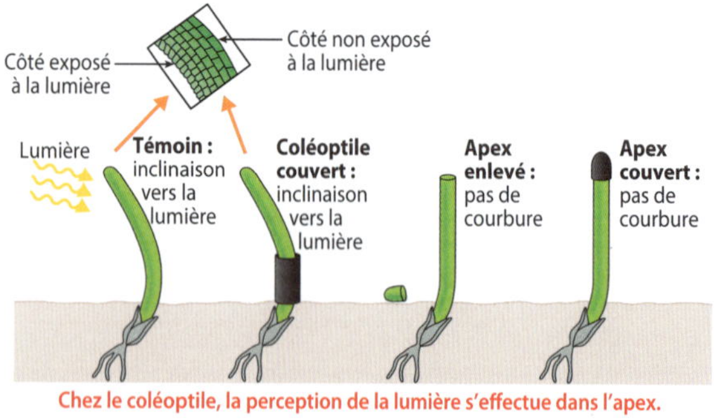

Côté exposé à la lumière
Côté non exposé à la lumière
Lumière
Témoin : inclinaison vers la lumière
Coléoptile couvert : inclinaison vers la lumière
Apex enlevé : pas de courbure
Apex couvert : pas de courbure
Chez le coléoptile, la perception de la lumière s'effectue dans l'apex.

Expérience de Darwin (1881) sur un coléoptile (jeune pousse) d'avoine

- L'inégale exposition au soleil entraîne dans le végétal une migration de l'auxine vers la face moins éclairée. Sous l'action de l'**auxine**, les cellules non exposées à la lumière **s'allongent** et la tige se courbe vers la **source de lumière**.
- L'**appareil racinaire** a une sensibilité inverse à l'**auxine** : ici, l'hormone inhibe l'**élongation cellulaire**. Les racines s'allongent donc dans la direction opposée à la source lumineuse. On parle de **phototropisme négatif**.

La plante, productrice de matière organique

FICHE 22

Les plantes sont des organismes **autotrophes**, elles sont capables de produire leur propre **matière organique** à partir de la **matière minérale** présente dans le milieu (→ *voir fiche 20*). Ces **producteurs primaires** sont à la base des **écosystèmes** car ils permettent l'entrée de **matière** et d'**énergie**.

I La photosynthèse et la production de matière organique

1. Localiser la photosynthèse

• La **photosynthèse** est une réaction permettant de produire de la matière organique à partir de l'énergie lumineuse. Elle a pour équation : $6CO_2 + 6H_2O = C_6H_{12}O_{6\,(sucre)} + 6O_2$.

La photosynthèse met en jeu des transferts d'électrons (réaction d'oxydo-réduction*). Le composé qui capte les électrons est un « oxydant », celui qui les cède un « réducteur ».

La matière organique est produite sous forme d'**oses** (sucres) comme le **glucose** ou le **fructose**.

• La photosynthèse a lieu dans le **parenchyme palissadique** des **feuilles**, dans des organites particuliers, les **chloroplastes** (→ *voir fiche 9*). Ces derniers possèdent un pigment, la **chlorophylle**, capable de capter l'énergie lumineuse.

2. Les deux phases de la photosynthèse

• En 1937, Robert Hill plaça une suspension de chloroplastes à la lumière, en l'absence de CO_2, et ajouta un **oxydant**. Il obtint la réaction suivante :

$$2\,H_2O + 2\,A\ (\text{composé oxydé}) + \text{lumière} = 2\,AH_2\ (\text{composé réduit}) + O_2$$

• Cette réaction correspond à la première étape de la photosynthèse appelée **phase photochimique** (ou **photolyse de l'eau***), car elle transforme l'**énergie lumineuse** en **énergie chimique** (composé réduit).

• La seconde étape de la photosynthèse, la **phase chimique**, consiste à **réoxyder** le composé réduit grâce au CO_2 qui est incorporé sous forme de matière organique ($C_6H_{12}O_6$) et joue le rôle de l'**accepteur final d'électrons**.

II Le devenir des produits de la photosynthèse

Le fructose et le glucose sont utilisés par toute la plante comme source d'énergie ou de matière et participent alors à la production de molécules diverses (protides, glucides, acides nucléiques) aux rôles variés (soutien, réserve, défense, etc.).

1. Les molécules de soutien

La **cellulose** est une **molécule de soutien**. Constituée d'un enchaînement de molécules de glucose, elle intervient dans la constitution de la **paroi des cellules végétales**. Elle confère aux cellules leur forme, tout en permettant leur croissance, et contribue au **port dressé** de la plante. La cellulose et la **lignine** (une autre molécule de soutien) représentent 50 à 75 % de la biomasse végétale.

2. Les molécules de stockage

- Le **saccharose** ($C_{12}H_{22}O_{11}$) est une **molécule de transport** (stockage temporaire). Composé d'un **glucose** et d'un **fructose**, ce petit **sucre soluble** circule dans toute la plante via les **vaisseaux de phloème** et constitue la **sève élaborée**. Par la suite, il peut facilement être scindé en glucose et en fructose par une **invertase** (enzyme).

- L'amidon est une molécule de stockage énergétique très abondante dans les tissus de réserve (graine, tubercule, bulbe, etc.). Cette **macromolécule**, formée d'un assemblage de **glucoses**, permet à la plante de résister aux conditions défavorables (passage de la mauvaise saison) et d'assurer sa reproduction.

3. Les molécules de défense ou de compétition

Les **tanins**, ou **composés phénoliques**, et les **alcaloïdes** sont des molécules qui dérivent d'**acides-aminés** et de **glucose**. Ils ont des rôles multiples et participent notamment à la **défense** contre l'herbivorie. Certaines molécules sont **toxiques** et perturbent la **digestion**, d'autres donnent à la plante un **goût amer** ou encore une texture **astringente** (les protéines lubrifiantes de la salive précipitent, la bouche devient pâteuse).

> **Exemple :** la ciguë, choisie par Socrate pour se donner la mort, est un alcaloïde particulièrement toxique. Seulement 6 g de plante suffisent pour provoquer la mort par paralysie des muscles respiratoires.

Deux modes de reproduction chez les Angiospermes

FICHE 23

La **reproduction** désigne l'ensemble des mécanismes qui permettent d'obtenir des descendants à partir d'organismes parentaux. Les Angiospermes pratiquent deux modes de reproduction : la **multiplication végétative** et la **reproduction sexuée**. Si la première permet la **conquête rapide** d'un milieu, la seconde permet la colonisation de **nouveaux biotopes**.

I La multiplication végétative

• La multiplication végétative est un mode de reproduction uniparental qui conduit, par mitoses successives, à la production d'individus autonomes et génétiquement identiques au parent dont ils sont issus. C'est un mode de **clonage** (→ *voir fiche 1*), très répandu chez les végétaux.

• Cette reproduction implique la **fragmentation** de la plante mère et la génération d'un nouveau plant complet. La **fragmentation** peut impliquer des **organes variés** (tige, feuille, racine, organe de réserve). On parle de **marcottage** quand le nouvel individu **s'enracine** avant la séparation avec la plante mère (ex. : plants de fraisier) et de **bouturage** lorsque la fragmentation a lieu avant l'enracinement (ex. : cactées).

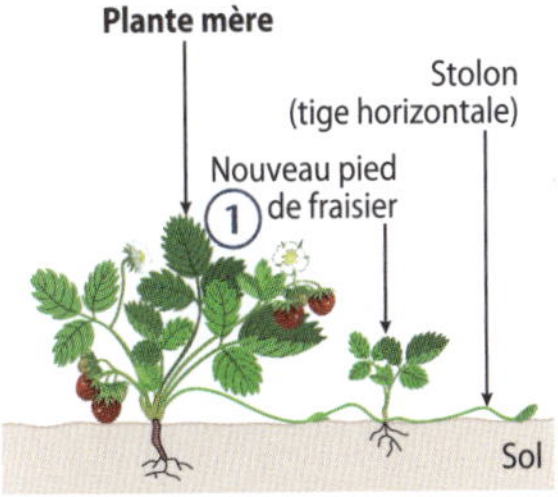
Plante mère
Stolon
(tige horizontale)
Nouveau pied
1
de fraisier
Sol

Schéma du marcottage

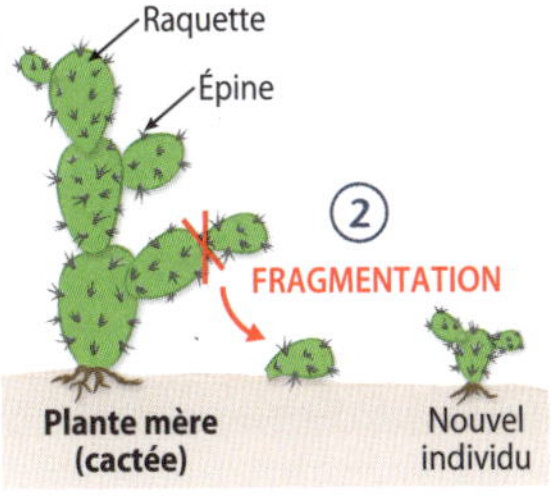
Raquette
Épine
2
FRAGMENTATION
Plante mère
(cactée)
Nouvel
individu

Schéma du bouturage

• La multiplication végétative repose sur la totipotence des cellules végétales, c'est-à-dire sur leur capacité à se différencier en n'importe quelle autre cellule végétale. Cette particularité tient du fait que l'**identité d'une cellule** n'est pas irréversible : elle est au contraire soumise à une **balance hormonale** (cytokinine/auxine). Un changement de cette dernière, suite, par exemple, à la **fragmentation** de la plante, conduit à un **changement** d'**identité cellulaire**.

II La reproduction sexuée

1. Modalités de la reproduction sexuée

• La reproduction sexuée est une reproduction biparentale qui conduit à la formation de nouveaux individus au génotype unique (→ *voir fiches 2 et 3*). Chez les **Angiospermes**, la production des **gamètes** et leur **rencontre** (fécondation) a lieu dans un organe spécialisé : la **fleur**.

• La majorité des Angiospermes sont **hermaphrodites**, elles produisent à la fois des gamètes mâles et femelles. Leurs fleurs sont composées d'un **périanthe** (ensemble des pièces stériles) qui entoure les **étamines*** (organe mâle), elles-mêmes situées autour du **pistil*** (organe femelle) (→ *voir fiche 24*).

• Lors de la **pollinisation***, des grains de **pollen** sont déposés sur le **pistil**. Ce dernier germe et croît jusqu'à rencontrer un ovule. La **fécondation** qui suit entraîne la formation d'un **zygote diploïde** (**graine**) et la **transformation** du **pistil**. Ce dernier accumule des **réserves nutritives** et forme un **fruit**.

2. Autofécondation et allofécondation

• Si la fleur est **hermaphrodite**, le pollen produit peut féconder le **pistil** de la **même fleur**. On parle d'**autofécondation**, par opposition à l'**allofécondation** (quand le pollen provient d'une autre fleur). Pour certaines Angiospermes, l'**autofécondation** est **obligatoire**.

Exemple : chez les fabacées, comme le pois, le périanthe recouvre complètement les pièces fertiles (étamines et pistil). L'allofécondation est alors impossible.

• Si 96 % des Angiospermes sont hermaphrodites, l'**autofécondation** reste un **phénomène rare**. Des **mécanismes physiques** (barrière physique, incompatibilité des gamètes, etc.) ou **temporels** (développement asynchrone des étamines et du pistil) permettent de **limiter l'autofécondation**.

Exemple : un plant de silène produit soit des fleurs mâles (sans pistil), soit des fleurs femelles (sans étamine). On dit que l'espèce est dioïque. L'allofécondation est ainsi obligatoire.

La reproduction sexuée, entre vie fixée et mobilité

FICHE 24

À la différence de la **multiplication végétative**, la **reproduction sexuée**, par le jeu des **brassages** (→ *voir fiches 2 et 3*), crée de la **diversité**. Cependant, ce mode de reproduction génère deux contraintes liées à l'immobilité des Angiospermes : le **transport** ciblé du **pollen** et la **dissémination** des **graines**.

I Les différents modes de transport du pollen

La **pollinisation** désigne le transport d'un grain de pollen sur le pistil d'une fleur. Dans le cas d'une **allofécondation** (→ *voir fiche 23*), le transport du grain de pollen sur une longue distance nécessite un agent : le **vent** (**pollinisation anémogame** ou **anémophile**) ou un **animal** (**pollinisation zoogame** ou **zoophile**).

1. La fécondation anémogame (par le vent)

- Ce mode de dissémination est très fréquent chez les Angiospermes des **milieux froids** et **tempérés**. Chez les espèces **anémogames**, on observe souvent les **caractéristiques** suivantes : des grains de pollen petits, légers et lisses ; des fleurs de petite taille (< 1 cm) et rudimentaires ; un stigmate (sommet du pistil) **plumeux** et **collant** ; des **inflorescences** (regroupement de fleurs) lâches, facilement balayées par les vents.

- Ce mode de dissémination étant peu précis, les fleurs anémophiles produisent généralement de grandes quantités de pollens.

2. La fécondation zoogame (par les animaux)

- La **dissémination zoogame** est le mode de pollinisation **le plus répandu** chez les Angiospermes.

- Elle met en jeu l'intervention d'un animal pollinisateur (insecte, oiseaux, mammifère) qui cherche de la nourriture (ex. : nectar ou pollen sucré), un abri (ex. : figuier et blastophage) ou un partenaire (ex. : ophrys). Souvent, cette coopération plante/animal est spécifique et résulte d'une coévolution.

- Chez les espèces **zoogames**, on observe souvent les caractéristiques suivantes : des grains de pollen de **taille importante** (> 60 µm), riches en réserves, **gluants**, avec des **ornementations** ou des **crochets** ; des **fleurs colorées**, odorantes, **nectarifères** (qui produisent du nectar) ; des inflorescences compactes, très **visibles**.

II La dissémination des graines

En 1950, Nitsch montre chez la fraise que le développement du fruit est sous le contrôle de l'auxine, une phytohormone (→ *voir fiche 21*).

• La **fécondation** a lieu après la pollinisation, lorsque le grain de pollen rencontre l'**ovule**. Elle aboutit à la formation d'un **embryon**, protégé dans une graine, qui entre en dormance tandis que le **pistil** se transforme en **fruit** et accumule des **réserves**.

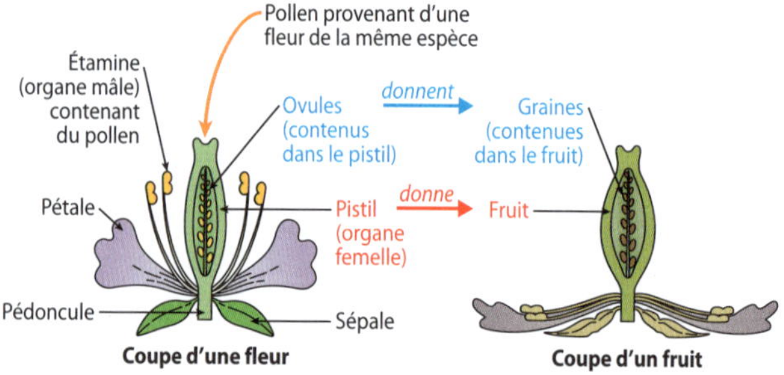
Pollen provenant d'une fleur de la même espèce
Étamine (organe mâle) contenant du pollen
Ovules (contenus dans le pistil)
donnent
Graines (contenues dans le fruit)
Pétale
Pistil (organe femelle)
donne
Fruit
Pédoncule
Sépale
Coupe d'une fleur
Coupe d'un fruit

La transformation d'une fleur en fruit

• Lorsque les conditions du milieu le permettent, l'embryon se développe : la graine germe et forme un nouvel individu en puisant dans ses réserves (albumen).

• La **dispersion des graines** permet la dispersion de la descendance et la **conquête** de nouveaux milieux. Elle peut faire intervenir **différents agents** :

– un **animal disséminateur** (**zoochorie**). Les graines peuvent présenter des **crochets** (ex. : bardane) ou être enfermées dans un **fruit comestible** (ex. : les graines de cornouiller et le renard) ;

– le **vent** (**anémochorie**). Les graines sont souvent **légères** et présentent des excroissances (ex. : les graines plumeuses des pissenlits, les graines ailées des érables) ;

– la **gravité** (**barochorie**). Généralement, les graines sont de **taille importante**, **lourdes** et **protégées** dans un fruit résistant aux chocs (ex. : la bogue des marronniers) ;

– l'**eau** (**hydrochorie**). Les graines ont une taille importante, mais elles sont peu denses, ce qui leur permet de **flotter** (ex. : noix de coco) ;

– la **plante** elle-même (**autochorie**). Les graines sont alors sous pression dans le fruit et sont expulsées à maturité (ex. : la basalmine ou le concombre d'âne).

La domestication des plantes 1/2

FICHE 25

À partir du **Néolithique** (il y a 10 000 ans), les humains se sont mis à cultiver des plantes. Cette **domestication** a conduit à l'apparition de **nouvelles espèces** et a fortement influencé l'**évolution** des sociétés humaines en changeant leur **mode de vie** (**sédentarisation**) et leurs **habitudes alimentaires**.

I La sélection variétale, une pratique empirique

Le rôle des **organes sexuels** chez les végétaux n'a été découvert qu'au XVIIe siècle. Avant, la reproduction des plantes était réalisée de **manière empirique**, c'est-à-dire sans en comprendre les **mécanismes et les enjeux**.

1. Le principe de la sélection variétale

- Les **populations sauvages** présentent une **diversité naturelle** qui est due à l'apparition de nouveaux caractères par **mutation**. **La sélection variétale** consiste à sélectionner, sur le visuel, des plantes aux caractères intéressants. Comme elles sont cultivées à proximité des unes des autres, des croisements naturels se réalisent. Au cours des générations, la **fréquence des allèles intéressants** augmente et la **diversité génétique** de la population se modifie.
- La sélection variétale est un **processus long** qui nécessite de nombreuses générations pour concentrer les caractères d'intérêt. De plus, en mettant en jeu la reproduction sexuée et **ses brassages**, elle est **aléatoire** : certains **caractères d'intérêt** peuvent ne pas être transmis aux générations suivantes.

2. Le syndrome de la domestication

- Exercée sur des milliers d'années, la sélection variétale a conduit à l'apparition d'individus très différents des **espèces sauvages**.
- Dans les **espèces domestiquées** (blé, maïs, riz, etc.), les **caractères retenus** par les différentes populations humaines sont généralement **les mêmes** et conduisent à une meilleure productivité (graines plus grandes et plus nombreuses), une récolte

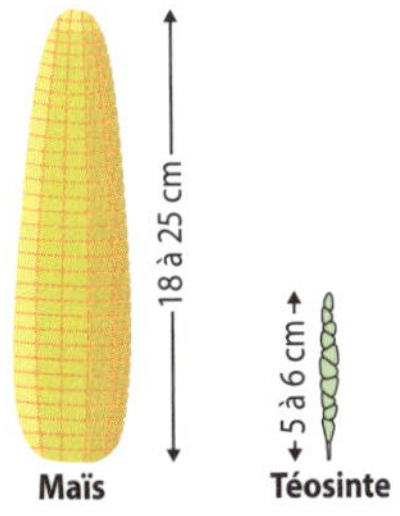
18 à 25 cm
5 à 6 cm
Maïs
Téosinte

Maïs et son ancêtre sauvage (téosinte)

facilitée (faible dispersion des graines), une production de graines plus digestes (absence de téguments), etc. Ces caractères, absents chez la plante sauvage, constituent le **syndrome de la domestication** et rend souvent les plantes domestiquées inaptes à vivre à l'état sauvage.

II Conséquences sur les populations humaines

- La **sélection variétale** repose sur la **biodiversité** des espèces végétales sauvages. D'une région à l'autre, **différentes espèces** ont été **domestiquées**. On parle de **foyer de domestication** pour désigner la région où l'on trouve les **plus vieux fossiles** d'une espèce domestiquée ainsi que l'**espèce sauvage** dont elle est issue.

> **Exemple :** le Proche-Orient est le foyer de domestication du blé, de l'orge et des lentilles ; la Chine celui du riz, de la pêche et du soja ; l'Amérique centrale celui du maïs, des haricots et du coton…

- Les changements alimentaires liés à la domestication ont modifié les pressions de sélection s'exerçant sur les populations humaines, aboutissant à des changements de leur génome. C'est le cas par exemple du gène de l'**amylase salivaire AMY1**.
- L'**amylase** est une **enzyme** qui permet de dégrader l'amidon contenu dans les **céréales** (blé, riz, maïs) et les **tubercules**. Plus un individu possède d'**amylase** et plus il digère facilement l'amidon.
- Des études génétiques réalisées en 2007 par George Perry ont montré que les **populations humaines** possèdent entre **4 à 10 exemplaires** du gène AMY1 tandis que les autres primates (excepté le bonobo) n'en possèdent que 2. Les copies surnuméraires auraient été acquises par plusieurs épisodes de **duplication** (→ *voir fiche 5*) au début de la **domestication**.
- De plus, George Perry a montré que les populations ayant historiquement une **alimentation très riche en amidon** (les Japonais, les Européens et les Hazda en Tanzanie) possèdent davantage de copies du gènes AMY1 (> 6) que les populations ayant une **alimentation pauvre en amidon** (les Biaka et Mbuti en Afrique et les Datog et Yakut en Asie).

La domestication des plantes 2/2

FICHE **26**

La découverte des lois de Mendel au XXe siècle (→ *voir fiche 4*) et les progrès de la génétique ont permis la mise en place de **pratiques culturales** plus **précises** et plus **rapides** que la **sélection variétale**. Ces dernières offrent des perspectives sur des méthodes de culture plus **respectueuses** de l'**environnement**.

I Des nouvelles pratiques culturales

1. La sélection-hybridation

- Cette méthode commence par la **sélection** d'individus présentants des **caractéristiques agronomiques intéressantes**. Par autofécondation, on obtient en quelques années des lignées pures (homozygotes) génétiquement stables (le caractère d'intérêt se transmet à tous les descendants).

- Les plantes homozygotes étant généralement moins résistantes, on effectue des **croisements** entre deux **lignées pures**. Les **hybrides** obtenus présentent de nouvelles combinaisons alléliques et sont généralement **plus résistants** que les plantes d'origine. On parle de **vigueur hybride** ou d'**hétérosis**.

> **Exemple :** Raphanobrassica est une espèce hybride issue d'un croisement entre le radis (Raphanus) et le chou (Brassica).

2. Les méthodes issues du génie génétique

- Depuis la découverte de l'ADN en 1953, les progrès en biologie moléculaire ont permis de développer des techniques d'amélioration des plantes, basées sur la modification directe de leur génome, appelées le **génie génétique**.

- Parmi elles, la **transgenèse** consiste à introduire dans le génome de la plante un **gène d'intérêt**, provenant généralement d'une autre espèce, qui lui permet de synthétiser une **nouvelle protéine**. Cette technique repose sur l'**universalité** du **code génétique** et conduit à l'obtention d'**OGM** (organismes génétiquement modifiés).

> **Exemple :** le maïs Bt, seul OGM autorisé en Europe, a été génétiquement modifié pour produire une toxine issue d'une bactérie du sol (*Bacillus thuringiensis*), et est ainsi résistant à la pyrale (papillon), son principal ravageur.

II Le « coût » de la domestication

1. La domestication et la perte de diversité

- En ne retenant qu'un nombre réduit d'individus, la domestication (et la production de lignées pures) conduit à un appauvrissement de la diversité allélique d'une espèce. De plus, avec la **culture intensive**, un nombre très réduit d'**espèces** est cultivé sur de très **grandes surfaces**, réduisant encore la biodiversité à l'échelle globale.

> **Exemple :** aujourd'hui, les céréales représentent 50 % de l'apport énergétique mondial. Leur production est pourtant peu diversifiée : le blé, le maïs et le riz représentent à eux seuls 86 % des céréales cultivées.

- Par ailleurs, à cause du **syndrome de la domestication** (→ *voir fiche 25*), les plantes cultivées sont souvent très **vulnérables** aux aléas climatiques et aux ravageurs.

> **Exemple :** originaire du Mexique, le mildiou, un parasite de la pomme de terre, fut introduit en Irlande en 1845. En trois ans, il décima les cultures de pommes de terre. La grande famine qui s'ensuivit entraîna la mort d'un million de personnes et une migration massive vers l'Amérique et l'Australie.

2. Vers des pratiques plus respectueuses

- La préservation de la **biodiversité** constitue un enjeu majeur. Elle permet de maintenir une **diversité génétique** qui peut se révéler très utile.

> **Exemple :** la rouille du caféier est une maladie causée par un champignon qui entraîne une baisse importante des productions agricoles. Une hybridation avec des caféiers sauvages naturellement résistants est à l'étude.

- La **lutte biologique** constitue une méthode de lutte contre les nuisibles des cultures, en utilisant des prédateurs naturels.

> **Exemple :** les trichogrammes sont des insectes parasites de la pyrale (ravageur du maïs). La dissémination de trichogrammes dans un champ de maïs permet donc de lutter efficacement contre la pyrale tout en réduisant l'utilisation d'insecticide.

- La **transgenèse** et l'élaboration d'**organismes résistants**, comme le maïs Bt, pourrait également constituer un moyen de lutter contre les ravageurs tout en **diminuant** l'usage des **insecticides**.

La marguerite à insecte

Sujet : Expliquer pourquoi la variété « spring » est plus fréquente que la variété « okiep ».

Gorteria diffusa est une plante annuelle qui se reproduit exclusivement par allofécondation. Elle présente une très grande diversité intraspécifique. Ses inflorescences* (ressemblant à des fleurs) présentent notamment des aspects très variables. On s'intéresse ici à deux variétés : « spring » et « okiep ».

**Une inflorescence est un regroupement de plusieurs fleurs.*

- **Document 1 : Deux variétés d'inflorescences chez *Gorteria diffusa***

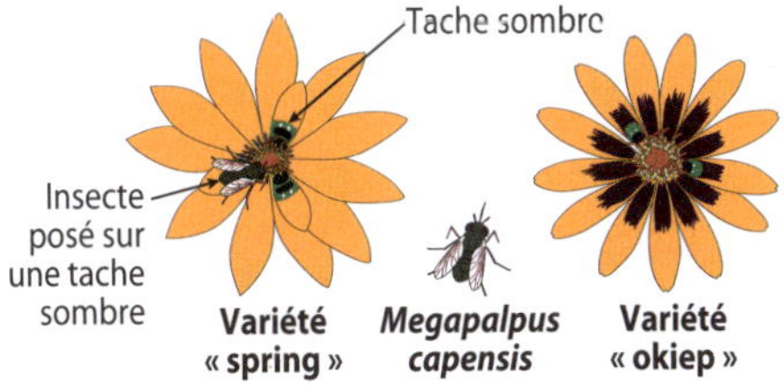
Tache sombre
Insecte posé sur une tache sombre
Variété « spring »
Megapalpus capensis
Variété « okiep »

- **Document 2 : Inflorescences recevant du pollen apporté par *Megapalpus capensis***

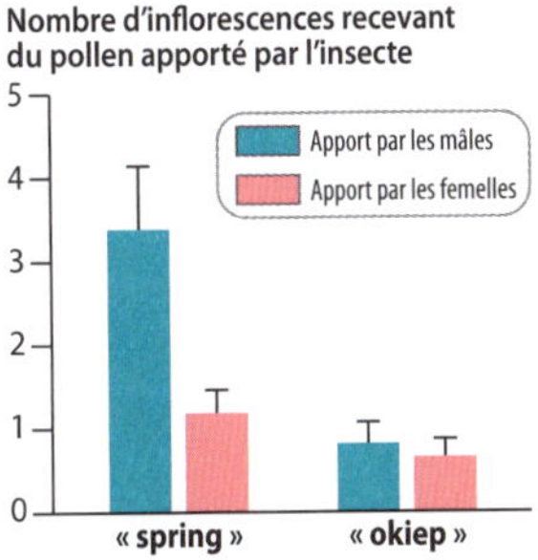
Nombre d'inflorescences recevant du pollen apporté par l'insecte
5
4
3
2
1
0
Apport par les mâles
Apport par les femelles
« spring »
« okiep »

- **Document 3 : Visites des inflorescences par *Megapalpus capensis***

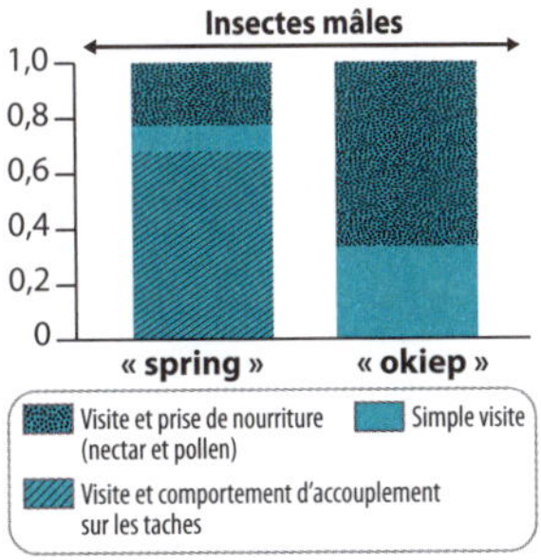
Insectes mâles
1,0
0,8
0,6
0,4
0,2
0
« spring »
« okiep »
Visite et prise de nourriture (nectar et pollen)
Simple visite
Visite et comportement d'accouplement sur les taches

Avant de commencer

► Quelles différences existe-t-il entre les deux variétés ?

► Quelles conséquences celles-ci pourraient-elles avoir sur leur pollinisation ?

Étape 1 : identifier le type de pollinisation

Dans l'énoncé, j'apprends que *Gorteria diffusa* se reproduit exclusivement par allofécondation. D'après le document 2, le pollen est transporté d'une inflorescence à l'autre par un insecte pollinisateur *Megapalpus capensis*. Je peux voir que la variété « spring » reçoit trois fois plus de pollen que la variété « okiep » et que cette différence est due uniquement aux mâles *Megapalpus capensis*.
J'en déduis que la variété « spring » attire davantage son insecte pollinisateur. Se reproduisant mieux, elle est donc plus fréquente dans l'environnement. Mais pourquoi ?

Étape 2 : observer les différences morphologiques

Dans le document 1, je peux voir que la variété « spring » possède des taches sombres isolées qui ressemblent à l'abdomen de l'insecte pollinisateur (couleurs et tailles similaires). Chez « okiep » ces taches sont moins nombreuses et moins visibles. Or, je sais que « spring » attire davantage les insectes mâles. Je suppose que la pollinisation de la variété « spring » implique un comportement sexuel et qu'il est dû aux taches sombres présentes sur les pétales qui ressemblent probablement aux insectes femelles (stratégie mimétique).

Étape 3 : expliquer la différence d'efficacité reproductive

Dans le document 3, je peux voir que 70 % des mâles qui visitent une inflorescence « spring » ont un comportement d'accouplement tandis que ce comportement n'est pas observé sur les inflorescences « okiep ». La visite de ces dernières est motivée chez les insectes par une prise de nourriture (70 %). J'en conclus que les inflorescences « spring » attirent les insectes mâles grâce à leur stratégie mimétique tandis que la variété « okiep » les attire en produisant du nectar et du pollen nutritif. La stratégie d'« okiep » est moins efficace, d'où une reproduction moindre.

Angiospermes sauvages et domestiquées

QUIZ-Mémorisation active

Questions	Réponses
Qu'est-ce qu'un stomate ? En quoi cette structure constitue-t-elle une adaptation à la vie fixée ?	Un stomate est un orifice de petite taille, situé généralement sur l'épiderme inférieur des feuilles. Il permet les échanges gazeux entre la plante et l'atmosphère. L'ouverture et la fermeture des stomates permettent à la plante de réguler ses échanges en fonction des conditions du milieu qu'elle subit : c'est une adaptation aux contraintes de la vie fixée.
Qu'est-ce qu'un méristème ?	Un méristème est un ensemble de cellules indifférenciées. Une partie de ces cellules se divise activement et permet la croissance continue de l'appareil aérien (méristème caulinaire) ou racinaire (méristème racinaire).
Qu'appelle-t-on le syndrome de la domestication ?	Le syndrome de la domestication désigne l'ensemble des caractères qui ont été sélectionnés par l'humain et qui n'existent pas chez les espèces sauvages. Ex. : production de graines de grandes tailles, indéhiscentes (qui ne se dispersent pas), peu coriaces, etc.
Les végétaux peuvent se reproduire par multiplication végétative ou par reproduction sexuée. Lorsque le milieu est stable, la reproduction végétative peut être plus avantageuse. Argumenter.	La multiplication végétative ne nécessite pas de partenaire (au contraire de l'allofécondation), et conduit à la production de descendants homogènes (pas de hasard), ayant le même génotype que le parent dont ils sont issus. Dans un milieu stable, cette reproduction offre l'avantage de produire des individus qui seront, comme leur parent, adaptés au milieu.
Quel peut-être le mode de dispersion du fruit de la bardane, qui a inspiré à l'ingénieur George de Mestral le Velcro (scratch) ?	Le fruit présente des excroissances susceptibles de s'accrocher à des poils d'animaux. On peut donc supposer que la bardane est une plante zoochore, dont la dispersion fait intervenir des animaux et plus précisément des mammifères (les poils étant une spécificité de taxon).

SCHÉMA-BILAN

Anatomie d'une Angiosperme

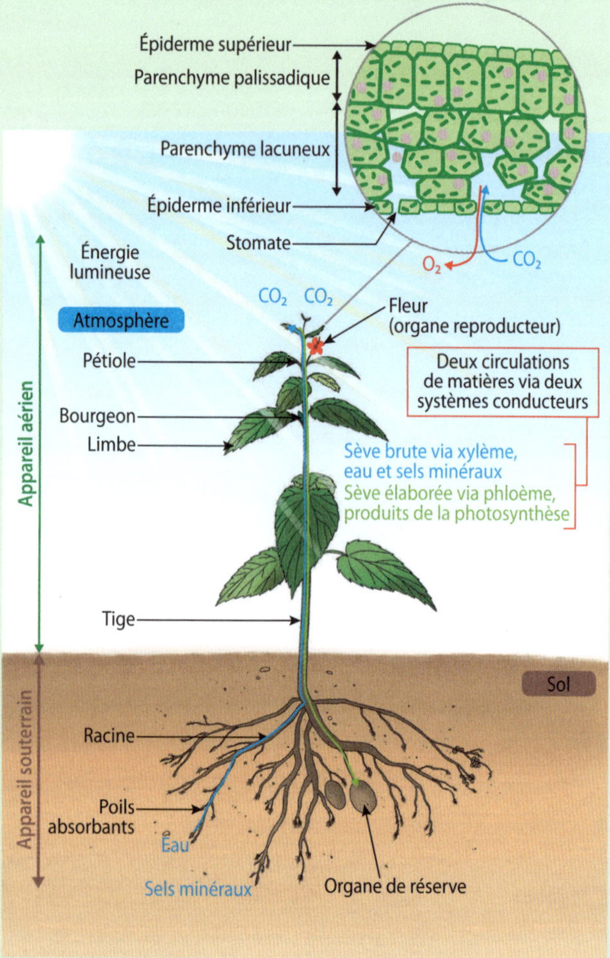
Épiderme supérieur
Parenchyme palissadique
Parenchyme lacuneux
Épiderme inférieur
Stomate
O_2
CO_2
Énergie lumineuse
CO_2 CO_2
Atmosphère
Fleur (organe reproducteur)
Deux circulations de matières via deux systèmes conducteurs
Sève brute via xylème, eau et sels minéraux
Sève élaborée via phloème, produits de la photosynthèse
Pétiole
Bourgeon
Limbe
Appareil aérien
Tige
Sol
Appareil souterrain
Racine
Poils absorbants
Eau
Sels minéraux
Organe de réserve

Les variations climatiques au cours de l'histoire de la Terre

FICHE 29

Sur Terre, la **température moyenne** dépend de la puissance solaire reçue et de l'**effet de serre**. Or, la quantité de **CO_2 atmosphérique**, un gaz à effet de serre, a beaucoup varié au cours du temps. La Terre a donc connu de nombreuses **variations climatiques**.

> **Une période glaciaire** se caractérise par un climat globalement froid et par la présence de glaces permanentes aux pôles. La Terre a connu 6 grandes glaciations*, dont la dernière au Cénozoïque est toujours en cours.

I Du Précambrien à la fin du Paléozoïque

1. De la formation de la Terre aux premières glaciations

- Il y a 4,5 Ga, la **température de la Terre** était **très élevée** (> 100 °C) du fait de la chaleur accumulée au moment de sa formation et de la composition de son **atmosphère primitive** (90 % de CO_2). Lorsque la Terre a commencé à refroidir, les **océans se sont formés** et une partie du **CO_2 atmosphérique** s'est dissout dans les **océans** et a formé des **carbonates**. Peu à peu, la baisse du **CO_2 atmosphérique** a entraîné une diminution de l'**effet de serre** et donc de la **température**.

- La vie apparaît vers 3,8 Ga et provoque, vers 2,5 Ga, une **diminution du CO_2 atmosphérique** au profit de l'accumulation de l'O_2 : c'est la **Grande Oxydation**. La température terrestre diminue jusqu'à l'apparition de calottes de glace permanentes aux pôles. La Terre connaît sa **première glaciation**.

- Par la suite, la Terre connaît trois autres **glaciations** entrecoupées de périodes **plus chaudes** (**périodes interglaciaires**). Ces glaciations ont laissé quelques **traces géologiques**, comme des **moraines** (→ *voir fiche 31*), mais restent mal connues. Leurs origines semblent liées à des **perturbations dans le cycle du carbone**.

2. La glaciation Carbonifère-Permien

- Pendant le Paléozoïque, l'**orogenèse hercynienne** (→ *voir fiche 16*) entraîne la formation de la Pangée et de **chaînes de montagnes** dont l'érosion consomme du **CO_2 atmosphérique**.

- Le milieu terrestre est colonisé par les **végétaux** (Ordovicien), puis par les **animaux** (Dévonien). Cette conquête s'accompagne d'une explosion de la biomasse terrestre qui piège dans sa matière organique du carbone (on parle de puits à carbone).

• Il n'existe pas encore de décomposeur capable de **dégrader** la **matière organique** végétale et de **libérer le carbone**. Le Carbonifère se caractérise donc par une **baisse du CO_2 atmosphérique** et par la formation de **grands dépôts de charbon** (matière organique végétale fossilisée). La Terre connaît ainsi sa **5e glaciation**.

II Du Mésozoïque à l'actuel (à partir de 250 Ma)

1. L'interglaciaire du Mésozoïque

• À partir du Permien, la forte activité des **dorsales océaniques** conduit à la **dislocation de la Pangée** et à une **libération importante de CO_2** dans l'atmosphère. Les **décomposeurs** apparaissent au Trias et libèrent le **carbone** piégé dans la **matière organique**.

• Le climat du Mésozoïque se caractérise donc par un réchauffement global. Il se forme de très importants dépôts d'**évaporite** (roches formées par la précipitation d'ions suite à l'évaporation de l'eau). Les **calottes glaciaires fondent** complètement, ce qui conduit à une **hausse du niveau marin** de 100 à 150 m (par rapport au niveau actuel).

> **Exemple :** au Crétacé, l'atmosphère contient 5 fois plus de CO_2 qu'aujourd'hui et la température moyenne est de 35 °C.

2. La glaciation du Cénozoïque

• Au début du **Cénozoïque**, la collision des plaques africaine, indienne et eurasiatique conduit à la formation de la **chaîne alpine**. L'érosion qui s'ensuit conduit à une **baisse du CO_2 atmosphérique**. Ces changements tectoniques entraînent également un changement dans la morphologie des océans et dans la **circulation des courants océaniques**.

> **Exemple :** le courant circumpolaire antarctique (autour de l'Antarctique) se met en place et conduit à la remontée d'eaux profondes qui refroidissent la surface.

• Le Cénozoïque se caractérise ainsi, depuis 30 Ma, par une baisse de la température globale : c'est une période glaciaire.

Les variations climatiques récentes

FICHE 30

La Terre, depuis 30 Ma, connaît une **grande glaciation** (→ *voir fiche 29*), caractérisée par un **refroidissement général**. Au sein de ce refroidissement, on distingue des **variations climatiques** avec des périodes d'**extension des glaciers** (stades glaciaires) et des **périodes de régression** (stades interglaciaires). Ces changements, très **rapides** et **réguliers**, s'expliquent par des modifications de la **puissance solaire reçue**.

I Les cycles de Milankovitch*

- En 1920, le mathématicien Milankovitch explique que les variations climatiques du dernier million d'années sont dues à des changements des paramètres orbitaux, c'est-à-dire à des variations dans la distance Terre-Soleil. Il distingue trois paramètres :
– l'**excentricité de l'orbite terrestre**. Sous l'influence des autres planètes du système solaire, la **trajectoire** que la Terre décrit autour du Soleil varie entre un cercle et une ellipse. Dans la configuration **cercle**, la Terre est toujours à la **même distance du Soleil** et reçoit la **même puissance solaire** toute l'année. Dans la configuration **ellipse**, la **distance Terre-Soleil varie** et la Terre ne reçoit pas la même insolation (saisons contrastées) ;
– l'**obliquité** de l'**axe de rotation**. La Terre tourne sur elle-même autour d'**un axe** qui est **incliné entre 22,5 et 24,5°** par rapport à la perpendiculaire au plan de l'elliptique (contenant l'orbite terrestre). Plus cette inclinaison est élevée et plus les **saisons sont contrastées** ;
– la **précession des équinoxes**. L'axe de rotation de la Terre, avec une même inclinaison, tourne sur lui-même. Cela entraîne un **décalage des saisons** et notamment des **équinoxes**.

- Ces **trois paramètres combinés** entraînent une alternance sur **100 000 ans** de l'insolation terrestre. La Terre connaît des périodes avec des **étés frais** et des **hivers doux** ; et des **périodes avec des étés chauds** et des **hivers froids**. Cette périodicité coïncide avec l'alternance des stades glaciaires et interglaciaires.

- Les variations des paramètres orbitaux entraînent cependant de faibles changements dans la **puissance solaire** reçue par la Terre (**< 1 mW/m^2**) et leurs effets n'expliquent pas à eux seuls les **variations climatiques**.

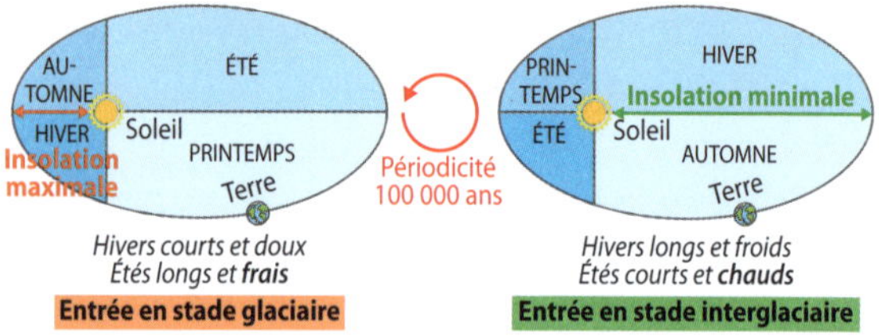
AU-
TOMNE
ÉTÉ
HIVER
Soleil
PRINTEMPS
Insolation maximale
Terre
Hivers courts et doux
Étés longs et frais
Entrée en stade glaciaire
Périodicité
100 000 ans
PRIN-
TEMPS
HIVER
Insolation minimale
ÉTÉ
Soleil
AUTOMNE
Terre
Hivers longs et froids
Étés courts et chauds
Entrée en stade interglaciaire

Situations extrêmes de la position de la Terre sur son orbite

II Les rétroactions climatiques

• Les faibles variations de température, générées par le changement des **paramètres orbitaux**, entraînent la modification de :
– l'**albédo*** (capacité du sol à **réfléchir le rayonnement lumineux**) ;
– l'**effet de serre**, qui est la capacité de certains gaz, comme le CO_2, à **absorber** une partie du **rayonnement infrarouge** émis par la Terre et à le renvoyer vers le sol ;
– la **solubilité des océans**, c'est-à-dire leur capacité à **stocker le CO_2 atmosphérique** sous forme d'**ions HCO_3^-** et donc à diminuer l'**effet de serre**.

> **L'albédo** varie en fonction de la nature des sols. Il est très élevé pour les glaces (0,6) et la neige (0,8), plus faible pour les terrains nus (0,3) et les forêts (0,2).

• Ces paramètres engendrent à leur tour de grandes variations de température : on parle de **rétroactions climatiques**. Ces rétroactions conduisent à l'**entrée** ou à la **sortie** en **stade glaciaire***.

• Dans la **configuration orbitale** où les **étés sont frais** et les **hivers doux** : les neiges tombées en hiver ne fondent pas pendant l'été et s'accumulent sous forme de **glace**. Les **glaciers s'étendent** et l'**albédo** des sols augmente. Le **rayonnement solaire** est **davantage réfléchi**, la température diminue. Les océans stockent alors davantage de CO_2, l'effet de serre diminue. La Terre entre en **stade glaciaire**.

• Dans la configuration où les **étés sont chauds** et les **hivers sont froids** : la neige accumulée pendant l'hiver fond au cours de l'été. L'**albédo** des sols diminue. La Terre absorbe davantage d'**énergie solaire** et **se réchauffe**. La **solubilité** des océans diminue : ces derniers libèrent du CO_2 dans l'atmosphère. L'**effet de serre** augmente. La Terre entre en **stade interglaciaire**.

Les outils pour reconstituer le climat du passé

FICHE 31

Les variations climatiques entraînent des modifications globales qui affectent autant la lithosphère que l'hydrosphère et la biosphère. On retrouve par conséquent dans ces réservoirs une multitude d'indicateurs climatiques qui permettent de reconstituer les paléoclimats.

I Les indices géologiques

1. Le modelé glaciaire

- Les stades glaciaires se caractérisent par l'extension des calottes glaciaires. Or, ces dernières modifient le paysage et laissent, même après leur disparition, des indices géologiques.

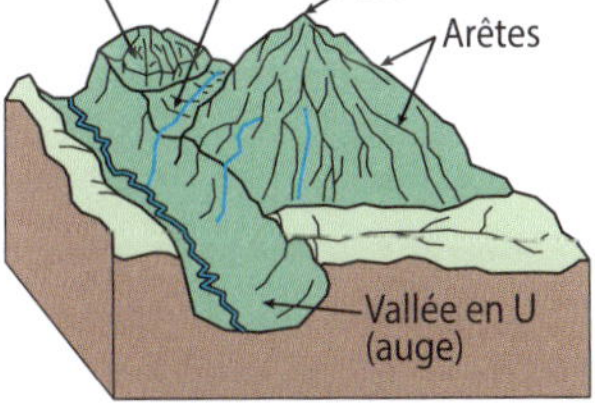

Cirque glaciaire
Vallée suspendue
Pic
Arêtes
Vallée en U (auge)

Le modelé glaciaire

- Le glacier s'écoule de son lieu de formation (cirque glaciaire), vers la vallée. Sur son passage, il arrache des fragments de roche au substrat (roches striées). Ces derniers, de tailles très variables (du galet aux particules d'argile), forment des roches sédimentaires appelées moraines. L'écoulement du glacier entraîne le creusement de la vallée en U. On appelle le modelé glaciaire l'ensemble des produits (roches, paysages) formés par l'érosion des glaciers.

2. Les variations eustatiques

L'eustatisme* désigne les variations mondiales du niveau marin. Il diminue lors des stades glaciaires et augmente lors des stades interglaciaires. L'étude des plateformes continentales permet de localiser les anciennes lignes de rivages (→ *voir fiche 32*).

II Les indices biologiques

- Les espèces étant adaptées à leur milieu, l'étude des fossiles permet d'appréhender les paléoclimats.
- L'étude des foraminifères nous renseigne sur la température moyenne des océans. Apparus au Cambrien, ces organismes

aquatiques unicellulaires forment des coquilles calcaires dont la forme est souvent caractéristique de l'espèce. Or, certaines espèces se développent dans des conditions climatiques spécifiques.

Exemple : *Globigerina bulloides* vit dans des eaux entre 14 °C et 20 °C, et *Globigerina tuber* entre 24 °C et 28 °C.

• La palynologie (étude des grains de pollen) apporte des informations sur les écosystèmes continentaux. L'abondance de pollen d'arbres et d'arbustes caractérise un climat tempéré et humide et une végétation de type forêt, tandis que la richesse d'herbacées indique un climat sec et froid de type steppe.

• L'étude sur les feuilles fossiles de l'indice stomatique (→ *voir fiche 20*), nous renseigne sur la teneur en CO_2 de l'atmosphère. Un fort indice stomatique, comme au Carbonifère, indique une teneur faible en CO_2.

III Les indices isotopiques de l'hydrosphère

• L'oxygène possède deux isotopes* : le ^{16}O, le plus abondant, et le ^{18}O. Ces isotopes ne se comportent pas de la même manière lors des changements de phases de l'eau. Le ^{16}O, plus léger, passe plus facilement en phase gazeuse lors de l'évaporation, tandis que le ^{18}O, plus lourd, passe plus facilement en phase liquide lors des précipitations. On parle de fractionnement isotopique. Ce dernier s'accentue avec l'intensité des précipitations et de l'évaporation (→ *voir fiche 33*).

• En période froide, l'évaporation limitée conduit à la formation de vapeurs d'eau pauvres en $H_2{}^{18}O$ (et donc riches en $H_2{}^{16}O$). Leurs précipitations aux pôles entraîne donc la formation de glaces appauvrie en $H_2{}^{18}O$. L'eau de mer, elle, reste relativement riche en $H_2{}^{18}O$.

• À l'inverse, en période chaude, l'importante évaporation conduit à la formation de vapeur d'eau plus riche en $H_2{}^{18}O$ (et donc pauvre en $H_2{}^{16}O$). Les glaces aux pôles sont donc plus riches en $H_2{}^{18}O$ et l'eau de mer en est appauvrie.

• Pour quantifier le fractionnement isotopique, on utilise souvent le $\partial^{18}O$* qui désigne l'écart du rapport isotopique $^{18}O/^{16}O$ dans un échantillon par rapport à celui d'une référence. Dans les glaces continentales (inlandsis), le $\partial^{18}O$ dépend directement de la température de l'atmosphère. On parle d'un paléothermomètre.

Exercice commenté pas à pas

Déterminer un paléoclimat à Marseille

Sujet : Décrire le climat qui régnait à Marseille entre 20 000 à 7 000 ans.

En 1991 près de Marseille, Henri Cosquer découvre au cours de l'une de ses plongées l'entrée d'une grotte à 36 mètres de profondeur. Ses parois sont ornées de peintures rupestres datées de 20 000 à 7 000 ans, représentant des bisons, des phoques, des pingouins, des bouquetins et des mains humaines.

- **Document 1 : La grotte de Cosquer près de Marseille**

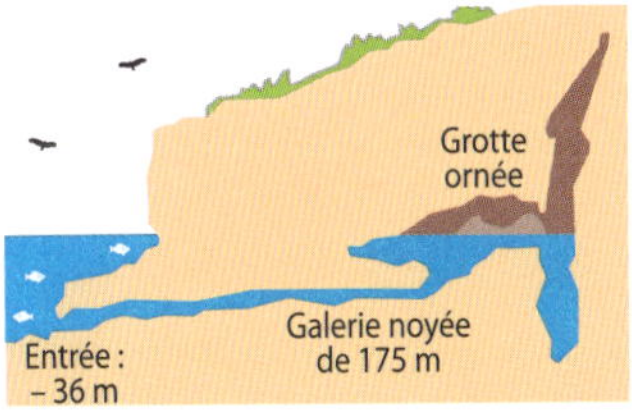
Grotte
ornée
Galerie noyée
de 175 m
Entrée :
– 36 m

Au large de la grotte, des paléorivages (ligne de rivage fossile) ont été observés :
- à 50 m de profondeur, datant de – 8 500 ans ;
- à 90 m de profondeur, datant de – 11 700 ans ;
- à 100 m de profondeur, datant de – 13 850 ans.

- **Document 2 : Diagramme pollinique de la grotte de Saint-Thibaud de Couz en Savoie (à 300 km de Marseille)**

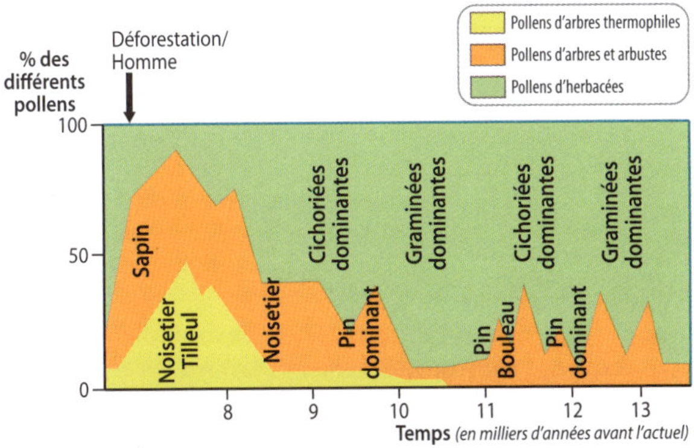
Pollens d'arbres thermophiles
Pollens d'arbres et arbustes
Pollens d'herbacées
Déforestation/
Homme
% des
différents
pollens
100
50
0
Sapin
Noisetier
Tilleul
Noisetier
Cichoriées
dominantes
Pin
dominant
Graminées
dominantes
Pin
Bouleau
Cichoriées
dominantes
Pin
dominant
Graminées
dominantes
8
9
10
11
12
13
Temps (en milliers d'années avant l'actuel)

Avant de commencer

► Que représentent les paléorivages ? Que nous apprennent-ils sur le climat ?

► Comment expliquer que la grotte soit aujourd'hui inaccessible ?

Étape 1 : s'intéresser aux données sur l'eustatime à Marseille

D'après le document 1, l'entrée de la grotte est aujourd'hui située à 36 mètres de profondeur. Or, je sais qu'elle a été habitée entre –7 000 et –20 000 ans. J'en déduis que le niveau marin à cette époque était plus bas qu'aujourd'hui. Cette conclusion est confirmée par les données du document 1 qui expliquent que la ligne de rivage s'est décalée au cours du temps passant de 100 à 50 mètres entre –13 850 et –8 500 ans.
J'en conclus qu'il y a –20 000 ans, le climat à Marseille était globalement plus froid et donc le niveau marin plus bas (–100 m par rapport à l'actuel). Progressivement, le climat s'est réchauffé et le niveau marin a monté, rendant la grotte inaccessible à partir de –7 000 ans.

Étape 2 : analyser le diagramme pollinique pour caractériser le climat

D'après le document 2, je peux voir les grains de pollen qui se sont déposés sur 13 000 ans dans la grotte de Saint-Thibaud. Celle-ci étant relativement proche de Marseille (300 km), je peux considérer que ces deux grottes ont a priori connu un climat similaire. Je peux voir que de –13 000 ans jusqu'à –8 500 ans, les grains de pollen provenaient majoritairement d'herbacées caractéristiques d'un climat froid. À partir de –8 500 ans, les pollens d'arbres et d'arbustes, puis d'arbres thermophiles sont devenus dominants.
J'en déduis que de –13 000 ans à –8 500 ans, la région a connu un climat globalement froid. Cette conclusion est cohérente avec la faune plutôt adaptée à des climats froids qui a été peinte dans la grotte (voir énoncé) : bisons, phoques, pingouins, bouquetins… À partir de –8 500 ans, le climat s'est progressivement réchauffé, devenant un climat tempéré.

BILAN

Les variations climatiques passées

FICHE 33

QUIZ-Mémorisation active

Questions	Réponses
Quels sont les paramètres responsables des variations climatiques à grandes échelles (de l'ordre du million d'années) ? Ces paramètres présentent-ils une périodicité ?	Les variations climatiques sur les grandes échelles de temps sont dues à des paramètres internes à la Terre qui affectent la quantité de gaz à effet de serre, comme l'activité des dorsales, l'érosion, le développement de la biomasse et de la photosynthèse, etc. Ces paramètres ne présentent pas de périodicité.
Qu'appelle-t-on un stade glaciaire ? Est-ce synonyme de glaciation ?	Un stade glaciaire correspond à une période de refroidissement climatique sur une courte échelle de temps (milliers d'années) à ne pas confondre avec une glaciation (caractérisée par la présence d'une calotte glaciaire permanente) qui dure des millions d'années.
Quels sont les paramètres responsables de l'entrée et de la sortie en stade glaciaire ou interglaciaire ? Présentent-ils une rythmicité ?	Les variations climatiques qui ont lieu sur une courte échelle de temps (milliers d'années) sont dues à des paramètres externes à la Terre : les variations des paramètres orbitaux. Ils sont dus à l'influence de la Lune et des autres planètes du Système solaire. Ces derniers présentent une rythmicité de 100 000 ans.
Nous connaissons beaucoup mieux les variations climatiques du dernier million d'années que les plus anciennes. Les glaciations précambriennes sont, par exemple, particulièrement mal connues. Expliquer pourquoi.	Les paléoclimats se déterminent grâce à des indicateurs climatiques comme le modelé glaciaire, les fossiles, le $\delta_{18}O$ présents dans les roches où les glaces. Or, plus on étudie de variations anciennes, moins on dispose de glaces où de roches contemporaines (celles-ci ayant été recyclées). De plus, le registre fossile devient abondant à partir du Cambrien (invention de la coquille). Les indicateurs climatiques précambriens sont donc rares et lacunaires.

SCHÉMA-BILAN

Variations du ∂¹⁸O des glaces et des sédiments marins au cours des derniers 400 000 ans

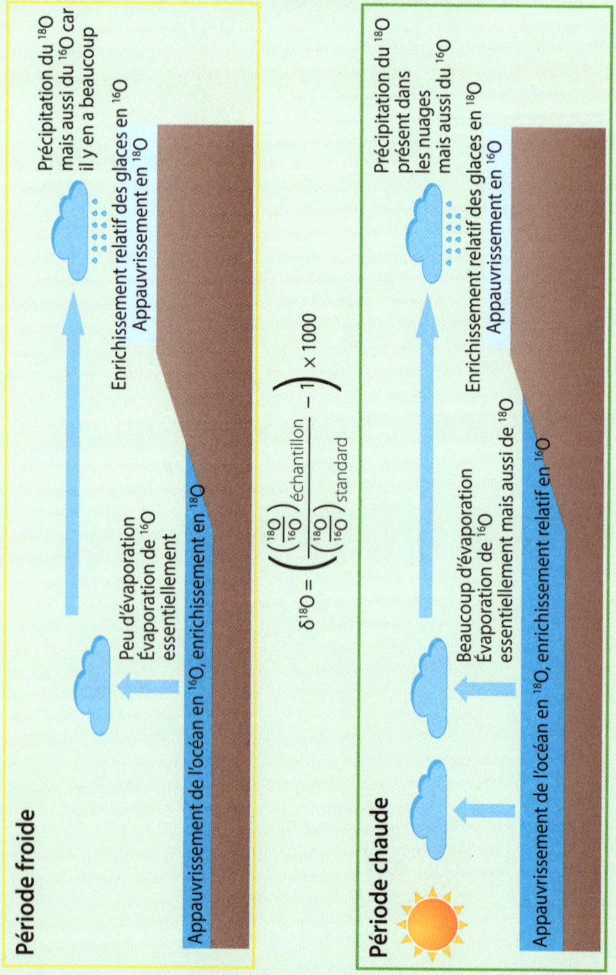
Période froide
Peu d'évaporation
Évaporation de ^{16}O essentiellement
Précipitation du ^{18}O mais aussi du ^{16}O car il y en a beaucoup
Enrichissement relatif des glaces en ^{16}O
Appauvrissement en ^{18}O
Appauvrissement de l'océan en ^{16}O, enrichissement en ^{18}O
$\delta^{18}O = \left(\frac{\left(\frac{^{18}O}{^{16}O}\right)_{échantillon}}{\left(\frac{^{18}O}{^{16}O}\right)_{standard}} - 1 \right) \times 1000$
Période chaude
Beaucoup d'évaporation
Évaporation de ^{16}O essentiellement mais aussi de ^{18}O
Précipitation du ^{18}O présent dans les nuages mais aussi du ^{16}O
Enrichissement relatif des glaces en ^{18}O
Appauvrissement en ^{16}O
Appauvrissement de l'océan en ^{18}O, enrichissement relatif en ^{16}O

Comprendre les conséquences du réchauffement climatique

FICHE 34

Depuis la **révolution industrielle**, la Terre subit un réchauffement climatique, d'origine anthropique, dont la vitesse est sans précédent par rapport aux **variations climatiques passées** (→ *voir fiches 29 et 30*). Prédire l'ampleur de ce réchauffement et ses conséquences constitue donc un enjeu scientifique majeur.

> **Le GIEC*** (groupe d'experts intergouvernemental sur l'évolution du climat), créé en 1988 par l'ONU, a pour mission d'évaluer les risques liés au réchauffement climatique et les actions à mener pour y faire face.

I Établir des modèles prédictifs

1. L'établissement des modèles

• Pour pouvoir **prédire l'ampleur du réchauffement climatique** et mettre en place des **actions adaptées** (→ *voir fiche 35*), de nombreux modèles ont été développés depuis les années 1980. Ces modèles sont établis sur des connaissances scientifiques comme le **cycle du carbone**, la **circulation atmosphérique et océanique**, etc.

• La **machine climatique terrestre** étant extrêmement complexe, il n'existe pas aujourd'hui d'ordinateur suffisamment puissant pour prendre en compte l'ensemble des données climatiques sur Terre à un instant donné. Les modèles numériques sont donc des **simplifications** du réel et conduisent à des prévisions **plus ou moins précises** à une **échelle globale ou régionale**.

2. L'apport des modèles et leurs incertitudes

• Plusieurs incertitudes demeurent dans les modèles, comme :
– l'impact des **circulations atmosphériques profondes**. Ces **eaux froides** stockent davantage de carbone que les **eaux de surface**, des perturbations dans leur circulation pourraient donc avoir de grandes conséquences sur le climat mais leur dynamique reste encore méconnue ;
– l'impact de la **biosphère**. L'augmentation du CO_2 favorise la **croissance végétale** (et donc la fixation du carbone atmosphérique), mais le réchauffement climatique peut conduire à un **appauvrissement des sols**, à une **désertification** et à une diminution des ressources en **eau douce** des **terres agricoles**. Ces derniers pourraient donc entraîner une diminution de la **biomasse végétale**.

• Tous les modèles climatiques aboutissent à des conclusions similaires, aux incertitudes près. Ils s'accordent sur le fait que le réchauffement climatique observé depuis la révolution industrielle (+ 1 °C en 150 ans) est lié aux activités humaines (déforestation, combustion des hydrocarbures, agriculture, etc.). Aujourd'hui, l'origine anthropique du réchauffement climatique est un **consensus scientifique**.

II Conséquences sur la biosphère

En dehors des **effets abiotiques** (inondations, canicules, désertification, augmentation du pH des océans, etc.), le réchauffement a des impacts sur la **biodiversité** et la **santé humaine**.

1. Les effets sur la biodiversité

• Le réchauffement climatique, en perturbant les écosystèmes, conduit à la **disparition** de certaines espèces : c'est l'une des causes majeures d'**érosion de la biodiversité**.

• Pour retrouver des conditions favorables, de **nombreuses espèces migrent**, conduisant à des **modifications** profondes des **écosystèmes** (disparition de ressources alimentaires, apparition d'espèces invasives, etc.). Selon une étude parue dans *Science*, les espèces terrestres parcourraient ainsi **17 km par décennie** et les espèces marines **72 km**.

Remarque : une étude de l'INRA prédit, entre 2050 et 2100, la disparition en France du noisetier, la régression du hêtre, et l'invasion du chêne vert.

2. Les impacts sur les sociétés humaines (→ *voir fiche 37*)

• La migration des espèces entraîne des modifications dans l'accès aux ressources alimentaires et énergétiques et peut générer des conflits et des famines.

Exemple : la migration au nord de l'Atlantique des bancs de maquereaux, autrefois uniquement pêchés par des pays européens, génère aujourd'hui une compétition pour cette ressource entre l'Islande et l'Europe.

• De plus, **certains insectes** (moustiques, tiques) qui migrent sont **vecteurs** de pathologies. L'Europe assiste ainsi depuis quelques années à l'apparition de maladies tropicales comme le chikungunya qui a touché en 2017 plus de 400 personnes en Italie.

Exemple : l'OMS considère que d'ici 2080, deux milliards de personnes supplémentaires pourraient être touchées par la dengue.

Agir sur le réchauffement climatique

FICHE 35

D'ici la fin du siècle, le réchauffement climatique pourrait engendrer la mort de 250 000 personnes par an, selon l'OMS, et faire basculer plus de 100 millions de personnes dans l'extrême pauvreté, d'après la Banque mondiale. Il est donc urgent de mettre en place des mesures visant à limiter au maximum l'ampleur du réchauffement climatique (mesures d'atténuation*) et à se préparer à ses conséquences (mesures d'adaptation*).

I Les stratégies d'atténuation

Atténuation du réchauffement climatique : ensemble des mesures visant à réduire la quantité de gaz à effet de serre dans l'atmosphère en limitant leur production ou en séquestrant le carbone déjà libéré.

1. Limiter les émissions de gaz à effet de serre

- En France, les principales émissions de gaz à effet de serre sont liées à la **production d'énergie** (35 %), au **transport** (14 %) et à l'**agriculture** (6 %).

- De nombreuses **actions individuelles** peuvent être mises en place comme le déplacement en transports en commun ou en vélo, le renoncement au transport aérien, le covoiturage, la lutte contre le gaspillage alimentaire, la diminution de la consommation de viande, etc.

> Exemple : en France, 82 % des trajets sont effectués en voiture et ce mode de transport est responsable de l'émission de $2tCO_2eq$/hab.

- À l'**échelle mondiale**, les émissions de gaz à effet de serre sont majoritairement dues à la **production d'énergie** (80 %). Les mesures d'**atténuation** consistent donc à réduire la consommation d'**énergies fossiles** et à développer des **énergies renouvelables** (éolienne, barrage hydroélectrique, géothermie, etc.) et l'**énergie nucléaire**.

- De nombreux pays se sont **engagés** à **réduire leurs émissions de gaz à effet de serre** comme les États-Unis (avant leur rétractation en 2017), la Chine, le Canada, l'Australie en signant la COP21 et l'accord de Paris.

2. Diminuer le CO_2 atmosphérique

- On estime que les **écosystèmes**, comme les forêts tropicales et les tourbières, absorbent chaque année la moitié des émissions humaines de gaz à effet de serre. On parle de **service écosystémique**.

La préservation de ces milieux, grâce à la lutte contre la **déforestation** ou l'**artificialisation** des sols, est donc très importante.

- Par ailleurs, plusieurs méthodes sont actuellement à l'étude pour augmenter artificiellement la **séquestration du carbone** dans les différentes enveloppes terrestres (hydrosphère, géosphère).

Remarque : des chercheurs américains ont développé en 2017 une technique visant à augmenter la solubilité par 500 du CO_2 dans l'eau en ajoutant une enzyme : l'anhydrase carbonique. Cette enzyme permettrait de séquestrer le CO_2 atmosphérique dans des réservoirs aquatiques sous forme d'ions HCO_3^-.

II Les stratégies d'adaptation

- Adaptation au réchauffement climatique : ensemble des mesures préventives permettant de se préparer aux impacts du réchauffement climatique (tempêtes, inondations, sécheresse...). Elle passe donc nécessairement par une évaluation de la vulnérabilité d'un milieu.

- De nombreuses mesures peuvent être mises en place pour diminuer les risques liés :
– aux **inondations** : par la construction de barrages, d'écluses, etc. ;
– aux **glissements de terrain** : par la construction d'habitations adaptées (fondations profondes), l'interdiction de construire dans les zones à fort risque ou par le reboisement des sols ;
– à l'**érosion des côtes** : par la construction de digues et la plantation de végétaux fixateurs (ex. : oyat) ;
– aux **incendies de forêt** : par la mise en place de stations de surveillance, par la plantation d'essences plus résistantes aux feux et plus variées ;
– aux **îlots de chaleur urbains** : par le développement de la végétation en ville (ex. : parcs, toits verts, etc.).

- En France, un **plan national d'adaptation au changement climatique** (PNAC) a été proposé par le ministère de l'Écologie en 2018. Il propose différents axes d'adaptation selon les variations prédites par les **rapports du GIEC** et la **vulnérabilité** des différentes régions françaises (→ *voir fiche 37*).

Exemple : le PNAC prévoit un déficit d'environ 2 milliards de m^3 d'eau douce d'ici 2050. Il préconise donc de réduire les fuites d'eau du réseau, d'augmenter la récupération des eaux de pluie, de réutiliser les eaux usées (arrosage), etc.

Une bombe climatique à retardement ?

Sujet : Déterminer l'action des clathrates sur le climat en 2100.
Les clathrates de méthane sont des composés qui piègent le méthane (CH_4) : ce sont des puits importants de carbone. Cependant, ils sont fortement instables et des chercheurs craignent qu'avec la hausse des températures (entre 1,5 °C à 5 °C d'ici 2100), les clathrates se mettent à libérer le méthane accumulé dans l'atmosphère.

- **Document 1 : La structure des clathrates**

Les clathrates ont une structure proche de la glace et piègent dans leur réseau des molécules de gaz. On les retrouve dans les plateformes continentales à une profondeur de 600 mètres et une température de 7 °C.

- **Document 2 : Diagramme pression-température des clathrates (ou hydrates de méthane)**

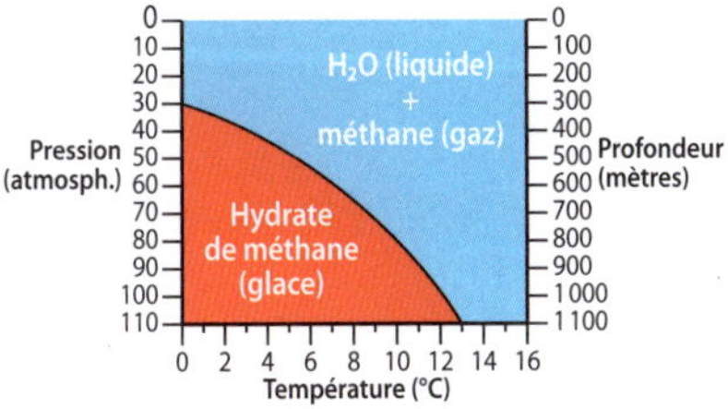
Pression (atmosph.)
0 10 20 30 40 50 60 70 80 90 100 110
H_2O (liquide) + méthane (gaz)
Hydrate de méthane (glace)
0 100 200 300 400 500 600 700 800 900 1 000 1 100
Profondeur (mètres)
0 2 4 6 8 10 12 14 16
Température (°C)

- **Document 3 : Spectre d'absorption du méthane (CH4)**

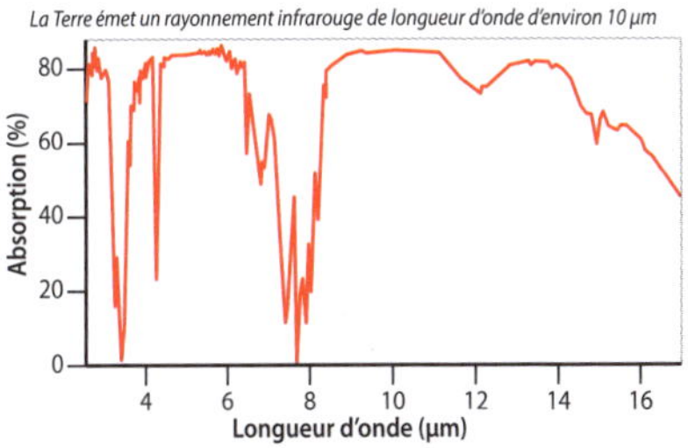
La Terre émet un rayonnement infrarouge de longueur d'onde d'environ 10 µm
Absorption (%)
0 20 40 60 80
4 6 8 10 12 14 16
Longueur d'onde (µm)

Avant de commencer

► Quelles peuvent être les conséquences d'une hausse de température sur les clathrates ?

► Qu'est-ce qu'un gaz à effet de serre ?

Étape 1 : déterminer l'effet de la hausse des températures

Dans le document 1, j'apprends que les clathrates se situent dans les plateformes continentales à 600 mètres et 7 °C. J'en conclus, grâce au document 2, que les clathrates sont à la limite du domaine solide. En 2100, la hausse des températures entre 1,5 °C et 5 °C pourrait donc conduire à leur fonte et à la libération de méthane dans l'atmosphère.

Étape 2 : déterminer les conséquences d'une libération de méthane

Dans le document 3, je peux voir le spectre d'absorption du méthane. Celui-ci est très élevé (> 80 %) vers 10 µm, ce qui correspond aux émissions infrarouges terrestres. Le méthane est donc capable d'absorber le rayonnement terrestre : c'est un gaz à effet de serre. Sa libération risque donc d'accentuer le réchauffement climatique (rétroaction positive). En 2100, l'augmentation de température risque donc d'inverser l'action des clathrates sur le climat qui, au lieu de se comporter comme un puits à carbone, risque de devenir une source.

Le réchauffement climatique

QUIZ-Mémorisation active

Questions	Réponses
Quels seront les impacts du réchauffement climatique sur la biomasse végétale ?	Ils sont difficiles à déterminer. En effet, la hausse des températures et donc du CO_2 atmosphérique peut favoriser la croissance des végétaux. D'un autre côté, les modifications profondes des environnements (désertification, faible disponibilité en eau douce, etc.) peuvent freiner la croissance végétale.
Les projections du réchauffement climatique sont toujours données avec un intervalle. Pourquoi ?	L'intervalle correspond aux incertitudes des projections climatiques. Celles-ci sont liées au fait que certains mécanismes sont méconnus (circulation marine profonde, réaction de la biomasse, réserves de clathrates, etc.) et que les modèles sont des simplifications du réel.
Qu'appelle-t-on une mesure d'adaptation au réchauffement climatique ? Donner un exemple.	L'adaptation consiste à mettre en place des actions dans le but d'anticiper et de limiter les conséquences du réchauffement climatique. Exemple : construire des barrages dans les zones qui risquent d'être affectées par la montée des eaux.
La Terre a connu de nombreuses variations climatiques dans son histoire. Pourquoi dit-on que le réchauffement climatique actuel est sans précédent ? Argumenter.	Les 6 périodes de glaciations qu'a connues la Terre se sont déroulées sur des millions d'années. Les stades glaciaires et interglaciaires sont des variations de l'ordre du millier d'années. Le réchauffement climatique actuel se déroule sur une centaine d'années. Ce n'est pas le réchauffement qui est sans précédent, mais la vitesse à laquelle il se déroule. Beaucoup trop rapide, il ne permet pas la résilience des écosystèmes.

SCHÉMA-BILAN

Quelques effets du réchauffement climatique

Golfe du Morbihan
Risque de submersion marine lors des tempêtes
Normandie
Erosion côtière du fait de l'élévation de la mer
Nord
Episodes caniculaires plus intenses et plus longs
Métropole
Risque accru de transmission de maladies tropicales par le moustique-tigre (chikungunya, dengue, Zika)
Marais poitevin
Envahissement par la mer
Sologne
Incendies en été
Les Alpes
Disparition des glaciers
Garonne
Assèchement du fleuve
Pourtour méditerranéen
Désertification
LP/INFOGRAPHIE.

Les réflexes

Face aux contraintes du milieu, les animaux adoptent une réponse **comportementale**, ils modifient leur comportement, à la différence de la **réponse développementale** des végétaux (→ *voir fiche 21*). Ces comportements impliquent souvent des **mouvements volontaires** ou **réflexes**.

I Les différents acteurs de l'arc réflexe*

- Réflexe : réponse rapide, innée, non volontaire et stéréotypée (la réponse est toujours la même) qui fait suite à un stimulus.

- L'**ensemble des structures** intervenant dans un réflexe constitue l'**arc réflexe**. Il se compose toujours : d'un **récepteur sensoriel** qui capte le **stimulus** ; d'un **centre nerveux** (moelle épinière ou cerveau) qui analyse l'information et établit une **réponse appropriée** ; et d'un **effecteur** (généralement un muscle) qui réalise la **réponse**.

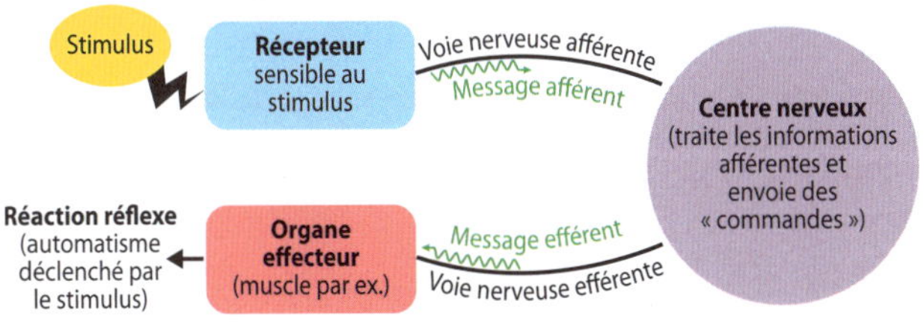
Stimulus
Récepteur sensible au stimulus
Voie nerveuse afférente
Message afférent
Centre nerveux (traite les informations afférentes et envoie des « commandes »)
Message efférent
Voie nerveuse efférente
Organe effecteur (muscle par ex.)
Réaction réflexe (automatisme déclenché par le stimulus)

Schéma d'un arc réflexe

- La communication entre les différents effecteurs est assurée par des cellules spécialisées : les **neurones** (→ *voir fiche 42*), qui transportent l'information nerveuse **sous forme chimique** et **électrique**.

- Moins un réflexe fait intervenir de neurones et plus il est **rapide**. Les réflexes les plus courts sont généralement les **réflexes spinaux**, c'est-à-dire ceux dont le centre nerveux impliqué est la **moelle épinière**.

> **Exemple :** le réflexe myotatique, qui entraîne la contraction d'un muscle suite à son étirement, fait partie des réflexes les plus rapides : c'est un réflexe spinal qui ne met en jeu que deux neurones.

II Propagation d'un message électrique

Le message nerveux **afférent**, transporté par le neurone sensoriel, entre dans la moelle épinière par la corne dorsale.

- Au repos, la membrane d'un neurone présente une différence de charge entre sa face interne (électronégative) et sa face externe (électropositive). Cette différence de polarité, appelée le **potentiel de repos**, est de l'ordre de –70 mV.
- Lorsqu'un **neurone est stimulé**, cette polarité s'inverse transitoirement (1 à 2 ms) : on parle de la propagation d'un **potentiel d'action*** (**PA**). Un **PA** se définit comme une **perturbation transitoire et stéréotypée** qui contient toujours : une phase de **dépolarisation**, une phase de **repolarisation** et une phase d'**hyperpolarisation**.
- Le PA constitue un **signal unitaire** qui se propage de proche en proche, le long d'un neurone. Le message nerveux est codé en une **suite de potentiels d'actions**. Plus le stimulus est intense, plus la fréquence des PA sera élevée et plus la réponse sera forte.

III Message chimique au niveau des synapses*

- Un arc réflexe contient au moins deux synapses : une synapse **neuro-neuronique**, entre le **neurone sensoriel** et le **motoneurone***, et une synapse **neuromusculaire** entre le **motoneurone** et la **cellule musculaire** (l'effecteur).
- Les deux synapses fonctionnent de la même manière (→ *voir fiche 42*).

1. L'arrivée du message nerveux au **bouton synaptique** provoque la migration de **vésicules** contenant un **neurotransmetteur** (messager chimique).
2. Les vésicules fusionnent avec la membrane plasmique et expulsent dans la **fente synaptique** les neurotransmetteurs*. C'est l'**exocytose**. Le message nerveux est alors codé en concentration de neurotransmetteurs. Une fréquence élevée de PA déclenchera une forte libération de neurotransmetteurs dans la fente synaptique.
3. Les neurotransmetteurs libérés se fixent sur les **récepteurs** de la cellule post-synaptique et provoquent un **PA**.

- La création d'un PA dans la **cellule musculaire** entraîne l'ouverture de **canaux calciques** et l'augmentation du Ca^{2+} intracytosolique à l'origine de la contraction musculaire (→ *voir fiche 44*).

Cerveau et mouvements volontaires

FICHE 39

Le **cerveau** est le centre nerveux des **mouvements volontaires**. La **motricité volontaire** et les réflexes spinaux suivent donc des voies nerveuses différentes. De plus, la motricité volontaire n'est pas innée, elle se **modifie au cours du temps** et des **apprentissages**.

I Les acteurs du mouvement volontaire

1. Organisation du cerveau

> **L'IRMf** est une technique d'imagerie qui permet de visualiser les zones du cerveau en activité.

- Dans le cerveau, les neurones sont entourés par des **cellules gliales** qui constituent 90 % du tissu nerveux. Ces dernières ont des **fonctions multiples** : elles **protègent** les neurones en les isolant du reste de l'organisme (barrière hématoencéphalique), stimulent le **système immunitaire** (présentation d'antigène, émission de cytokines, etc.), participent à la **nutrition des neurones** (capture du glucose, etc.).
- Le cerveau est organisé en **différentes aires** spécialisées dans des **fonctions différentes**. La partie postérieure du lobe frontal, l'aire M1, est spécialisée dans le mouvement volontaire.
- L'aire M1 présente une organisation spatiale : chaque zone du cortex moteur est spécialisée dans l'activité musculaire d'une petite zone du corps (ex. : langue, main, etc.). Plus la zone corticale impliquée est grande, plus la **motricité de l'organe est précise**.

2. Du cerveau au motoneurone

- Les messages nerveux créés dans l'aire M1 sont acheminés par les **neurones pyramidaux** jusqu'aux motoneurones, situés dans la **moelle épinière**.
- Sur leur trajet, les fibres nerveuses (ensemble d'axones) se croisent, si bien que l'aire M1 de l'**hémisphère gauche contrôle la motricité du corps droit** et inversement. On parle de **commande nerveuse controlatérale**.

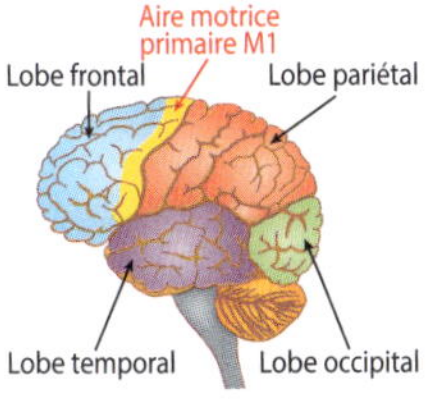
Aire motrice primaire M1
Lobe frontal
Lobe pariétal
Lobe temporal
Lobe occipital

Localisation de l'aire motrice

II Les motoneurones et la réponse musculaire

- Un **motoneurone** est en connexion avec un grand nombre de **neurones présynaptiques**. Il somme toutes les informations qu'il reçoit et établit une réponse unique, c'est-à-dire la création ou non d'un train de potentiels d'action. C'est la **loi du tout ou rien**.

- Les **informations reçues** varient selon les synapses mises en jeu. On distingue ainsi les **synapses excitatrices** dont l'action entraîne une **dépolarisation** des motoneurones et les **synapses inhibitrices** qui entraînent au contraire leur **hyperpolarisation**.

Exemple : les synapses à acétylcholine sont généralement des synapses excitatrices tandis que celles à GABA sont inhibitrices.

- Ces différentes informations sont intégrées simultanément par le motoneurone, c'est la **sommation spatiale**. Si deux PA sont très rapprochés, le motoneurone les additionne, c'est la **sommation temporelle**.

- Le motoneurone transmet le message nerveux aux **cellules musculaires**. Cette transmission passe par une **synapse neuromusculaire**. Un même motoneurone peut communiquer avec plusieurs cellules musculaires, l'ensemble constitue une **unité motrice**. Une **cellule musculaire** ne peut recevoir d'information que d'**un seul motoneurone**.

III Les paralysies et la plasticité cérébrale*

- Une lésion de la commande motrice peut conduire à des **paralysies**, plus ou moins étendues.

Exemple : une rupture de la moelle épinière au niveau du cou entraîne une tétraplégie (paralysie des 4 membres). Située en bas du dos, elle entraîne une paraplégie (paralysie des jambes).

AVC : accident vasculaire cérébral causé par l'obstruction ou la lésion d'un vaisseau sanguin.

- Lors d'un **AVC**, les neurones qui ne sont plus irrigués meurent. Cela peut conduire à des pertes de **fonctions motrices**. Cependant, la **rééducation** permet de récupérer en partie les fonctions perdues.

- La rééducation entraîne une **réorganisation partielle du cortex** : à proximité des lésions, des **neurones intacts** établissent de **nouvelles connexions synaptiques** et réactivent les commandes motrices affectées.

- Cette propriété du cerveau à se réorganiser est appelée la **plasticité cérébrale**. Elle est à la base des apprentissages.

Le cerveau, un organe fragile à préserver

FICHE 40

Les addictions sont des pathologies cérébrales définies par une dépendance à une substance (drogue, tabac, alcool...) ou à une activité (sexe, jeu, Internet...), avec des conséquences délétères pour la santé. Ces dernières entraînent la perturbation des messages nerveux, souvent en lien avec le circuit de la récompense.

I Drogues et circuit de la récompense

1. Fonctionnement du circuit de la récompense

- La plupart de nos besoins fondamentaux (se nourrir, apprendre et mémoriser, etc.) mettent en jeu le circuit de la récompense qui a pour fonction de renforcer ces comportements en procurant une sensation de bien-être.

- Dans ce circuit, l'aire tegmentale ventrale (ATV) intègre les informations provenant des différentes aires cérébrales et stimule alors le noyau accumbens. Ce dernier produit de la sérotonine et de la dopamine, appelée aussi « l'hormone du plaisir ».

2. Effet des drogues sur le système nerveux

- Le circuit de la récompense fait partie des zones les plus affectées par les drogues. Ces dernières altèrent son fonctionnement en augmentant la libération de dopamine et génèrent ainsi une sensation de plaisir, souvent à l'origine de l'addiction.

- De plus, les drogues altèrent la plasticité cérébrale, ce qui peut conduire au dysfonctionnement du système nerveux et favorise l'installation de comportements conditionnés, par exemple la prise d'une cigarette au moment du café.

- Une consommation prolongée de drogues peut entraîner des effets délétères liés à l'usage excessif de la substance (overdose, coma éthylique) ou à des effets secondaires à long terme (cancer, troubles neurologiques et psychiatriques, etc.).

> Exemple : l'alcool constitue la deuxième cause de mortalité en France. En 2015, 41 000 décès (sur 600 000) étaient imputables aux effets d'une consommation excessive : cancers, maladies cardio-vasculaires, accidents et suicides.

II L'effet des drogues à l'échelle synaptique

1. Différents types de molécules

• Les **drogues** agissent sur la communication nerveuse en perturbant le fonctionnement synaptique. Elles sont en effet capables de se **fixer à la place** d'un **neurotransmetteur**, grâce à leur **structure similaire**. Cette fixation peut entraîner :

– un message nerveux **excessif**. La drogue a un effet **agoniste** ;

Exemple : le LSD provoque une surexcitation des neurones du cortex visuel, d'où l'apparition d'hallucinations.

– une **absence** de message. La drogue a un effet **antagoniste**.

Exemple : la caféine freine l'activité des neurones qui déclenchent le sommeil et maintient donc l'état d'éveil.

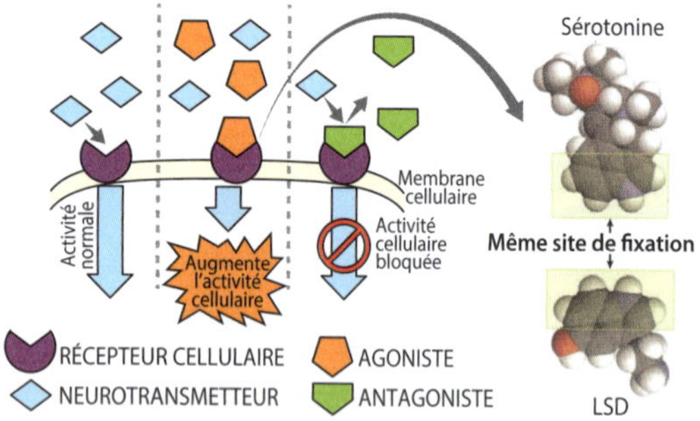
Sérotonine
Membrane cellulaire
Activité normale
Augmente l'activité cellulaire
Activité cellulaire bloquée
Même site de fixation
RÉCEPTEUR CELLULAIRE
AGONISTE
NEUROTRANSMETTEUR
ANTAGONISTE
LSD

Les différents types de drogues

2. Mise en place de l'addiction

• À terme, les drogues modifient le fonctionnement synaptique, ce qui génère des addictions. C'est le cas de la **cocaïne**. Cette drogue bloque la recapture de la **dopamine** qui reste ainsi plus longtemps dans la fente synaptique et augmente la sensation de **plaisir**.

• Une **consommation régulière** de cocaïne entraîne une **perturbation** des neurones habitués à de fortes concentrations en dopamine. L'organisme réagit en augmentant le nombre de **récepteurs postsynaptiques** : le corps **s'insensibilise** peu à peu à la drogue et l'individu doit **augmenter les doses** pour ressentir le même plaisir.

• De plus, un arrêt de la consommation de cocaïne entraîne une baisse importante de la dopamine et un **état dépressif**. La recherche du plaisir puis celle du soulagement constitue le principal mécanisme menant à l'addiction.

Traiter le botulisme ?

Sujet : Expliquer pourquoi la latrotoxine peut être utilisée pour traiter le botulisme.

Clostridium botulinum est une bactérie à l'origine d'intoxications alimentaires graves (botulisme), entraînant des paralysies pouvant aller jusqu'à la mort de l'individu. Ces troubles sont dus à l'action des toxiques botuliques produites par la bactérie.

- **Document 1 : Les quatre étapes de l'exocytose**

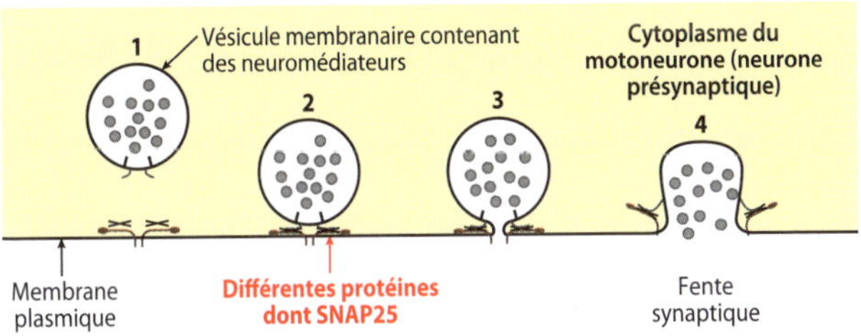
1
Vésicule membranaire contenant des neuromédiateurs
2
3
Cytoplasme du motoneurone (neurone présynaptique)
4
Membrane plasmique
Différentes protéines dont SNAP25
Fente synaptique

- **Document 2 : Le motoneurone présynaptique**

	Témoin	+ toxines botuliques	+ toxiques botuliques + latrotoxines
Concentration en neurotransmetteurs après simulation	–	+	–

- **Document 3 : Résultats d'électrophorèse**

L'électrophorèse est une technique permettant de séparer les molécules selon leur poids : plus la molécule migre, plus elle est légère.

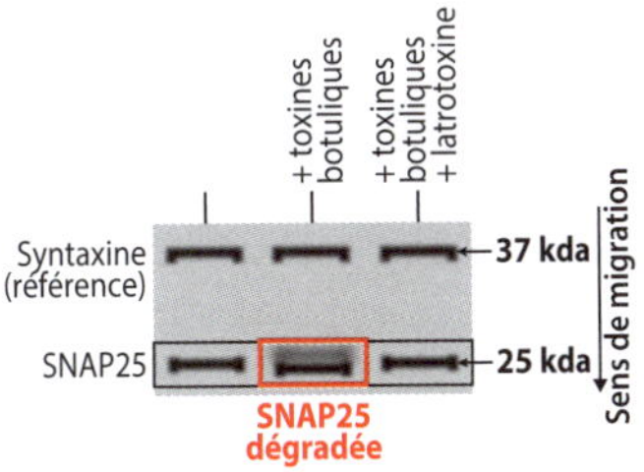
+ toxines botuliques
+ toxines botuliques + latrotoxine
Syntaxine (référence)
SNAP25
37 kda
25 kda
Sens de migration
SNAP25 dégradée

Avant de commencer

▶ Qu'est que l'exocytose ?

▶ Comment les toxines botuliques perturbent-elles la communication synaptique ?

➔ Étape 1 : identifier l'action des toxines sur la synapse

Sur le document 2, je peux voir que les toxines botuliques agissent au niveau de la synapse neuromusculaire : elles perturbent la communication entre le neurone et le muscle, d'où les paralysies. En effet, en présence de toxines, les neurotransmetteurs s'accumulent dans le motoneurone (leur concentration est plus élevée que chez le témoin). Ils ne sont pas libérés dans la fente synaptique : la communication nerveuse est interrompue. Ce blocage est dû aux toxiques botuliques qui dégradent la protéine SNAP25 (document 2). Or, d'après le document 1, cette protéine est indispensable à l'exocytose et donc à la communication synaptique.

➔ Étape 2 : identifier l'action de la latrotoxine

Sur le document 2, je peux voir qu'en présence de latrotoxine, la concentration en neurotransmetteurs dans le motoneurone est normale (identique au témoin) et cela malgré la présence de toxines botuliques : la communication nerveuse est rétablie. En effet, la présence de latrotoxine empêche la dégradation de SNAP25 (document 3) et le blocage de l'exocytose.

J'en conclus que la latrotoxine peut constituer un remède au botulisme car elle empêche l'action paralysante des toxines botuliques.

BILAN

Mouvement et système nerveux

FICHE 42

QUIZ-Mémorisation active

Questions	Réponses
Sous quelles formes circulent les informations dans le système nerveux ?	Les messages nerveux sont codés de manière électrique le long des axones (en fréquence de potentiels d'action) et de manière chimique (en concentration de neurotransmetteurs) au niveau des synapses.
Qu'est-ce qu'un réflexe ? Quelles structures implique-t-il ?	Un réflexe est un mouvement involontaire, inné et stéréotypé. Il met en jeu un récepteur, un centre nerveux et un effecteur. Ces structures forment l'arc réflexe.
Pourquoi la consommation de drogues procure-t-elle du plaisir ? Quel mécanisme est mis en jeu ?	Beaucoup de drogues perturbent le circuit de la récompense (noyau accumbens) et leur consommation s'accompagne d'une libération de dopamine, l'hormone à l'origine du bien-être.
Suite à un AVC, un individu est atteint d'une hémiplégie gauche, c'est-à-dire que tout son côté gauche est paralysé. Que peut-on en déduire sur sa lésion ?	La commande motrice volontaire est controlatérale, c'est-à-dire que l'aire M1 gauche contrôle la partie droite de l'organisme et inversement. L'individu a subi un AVC, sa lésion se situe donc dans le cerveau et plus précisément dans la partie droite de l'aire M1.
Un individu tétraplégique a-t-il des réflexes, comme le réflexe myotatique au niveau des genoux ou des chevilles ?	Un individu tétraplégique est paralysé des 4 membres suite à une rupture de la moelle épinière au niveau cervical. La communication entre l'aire M1 et les motoneurones est donc interrompue. De nombreux réflexes comme les réflexes myotatiques font intervenir la moelle épinière comme centre nerveux. En dessous de la lésion, celle-ci est intacte : les arcs réflexes sont donc préservés. Un tétraplégique a donc des réflexes myotatiques.
Un homme est persuadé qu'en s'entraînant, il pourra volontairement bloquer ses réflexes, notamment son réflexe myotatique achilléen (au niveau de la cheville) qui se déclenche au bout de 15 ms. Sachant que la vitesse de conduction du message nerveux est de 50 m/s et que cet homme mesure 1,70 m expliquer que ce ne sera pas possible.	Un message nerveux circule à une vitesse de 50 m/s. Le réflexe myotatique met 15 ms à se déclencher. Sachant que l'homme mesure 1,70 m, un mouvement volontaire partant du cerveau mettra $t = \frac{1,70}{50} = 0,034 \text{ s} = 34 \text{ ms}$ à arriver à la cheville. Même en s'entraînant, il ne pourra pas réduire le temps de transmission du message nerveux, et la commande volontaire arrivera à la cheville forcément plus tard que la commande réflexe.

SCHÉMA-BILAN

Le motoneurone, une cellule eucaryote spécialisée

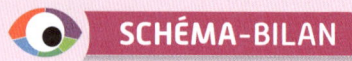

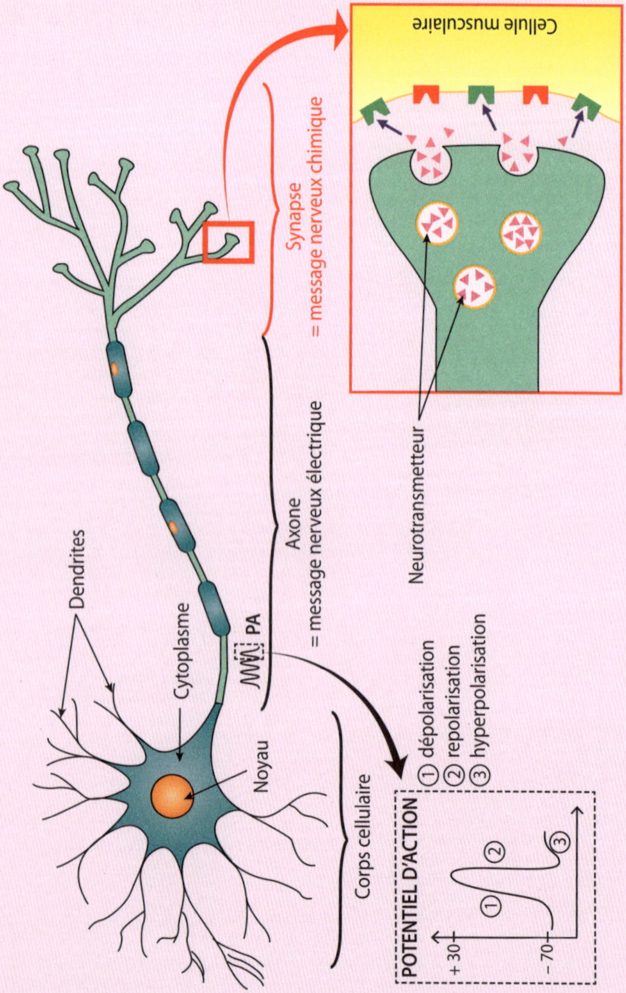
Cellule musculaire
Synapse
= message nerveux chimique
Neurotransmetteur
Dendrites
Cytoplasme
PA
Axone
= message nerveux électrique
Noyau
Corps cellulaire
① dépolarisation
② repolarisation
③ hyperpolarisation
POTENTIEL D'ACTION
+ 30
– 70
1
2
3

L'organisation du tissu musculaire

FICHE 43

Le **mouvement** est permis grâce à des cellules spécialisées, les **cellules musculaires**, apparues chez les **Eumétazoaires** (groupe des animaux). Les **muscles squelettiques** des vertébrés sont impliqués dans les **mouvements volontaires** et le **déplacement de l'organisme**.

I L'organisation du muscle squelettique

• Les **muscles squelettiques** sont rattachés aux os au niveau d'une **articulation**, qui constitue un **système de levier**. Le **raccourcissement** d'un muscle et son **épaississement** (contraction) permettent ainsi le déplacement de l'os auquel il est relié.

• Le mouvement de l'articulation est dû à l'action de deux types de muscles : les **muscles fléchisseurs** et les muscles **extenseurs**. La contraction des **muscles fléchisseurs** conduit à la **fermeture de l'articulation** (l'angle diminue) et celle du **muscle extenseur** conduit à l'ouverture de l'articulation (l'angle augmente). Ces deux muscles ont une action opposée : la contraction de l'un entraîne le relâchement de l'autre et inversement. On dit qu'ils sont **antagonistes***.

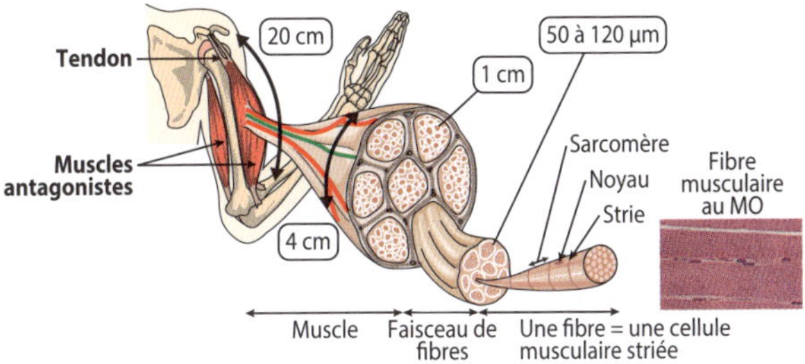

Tendon
Muscles antagonistes
20 cm
4 cm
1 cm
50 à 120 µm
Sarcomère
Noyau
Strie
Fibre musculaire au MO
Muscle
Faisceau de fibres
Une fibre = une cellule musculaire striée

Organisation du muscle à différentes échelles

• Dans l'articulation, on trouve également du **tissu conjonctif** (tendon et ligament), très riche en **matrice extracellulaire** et notamment en collagène, ce qui lui assure une **bonne résistance** aux **contraintes mécaniques**. Les **tendons** rattachent les muscles aux **os** et les **ligaments** relient les os entre eux (et évitent leur déboitement).

• Le **muscle squelettique** est composé d'un ensemble de **cellules musculaires** (appelées aussi fibres musculaires) **striées**, disposées de **manière parallèle** à l'allongement du muscle. Ces dernières sont regroupées en **faisceaux**, recouverts de **tissu conjonctif**.

II L'organisation de la cellule musculaire

1. Organisation du cytosquelette

• Les **fibres musculaires striées** sont des cellules très particulières : **très longues** (jusqu'à 50 cm de long), elles possèdent de **nombreux noyaux** et beaucoup de **mitochondries**. Leur aspect strié est dû à la présence dans leur cytoplasme de **myofibrilles**, des structures composées de **myofilaments**. Ces myofilaments peuvent coulisser entre eux et raccourcir ou augmenter la longueur de la cellule. Ce mécanisme est à l'origine de la contraction musculaire (→ *voir fiche 44*).

• Ces myofilaments confèrent à la cellule leur structure, ils forment leur **cytosquelette**. On distingue :

– des filaments fins qui sont constitués de deux molécules d'**actine** enroulées entre elles, formant une **double hélice**. Au repos, l'actine est recouverte par d'autres protéines (**tropomyosine** et **tropomoduline**) ;

– des filaments épais qui sont constitués de **myosine**. Ces dernières possèdent des **têtes globulaires** capables de **se lier** aux filaments d'**actine** lorsque ces derniers sont découverts.

• Au microscope optique, une **myofibrille** est constituée d'un **enchaînement de motifs** appelés **sarcomères***, formés par une **bande A** centrale, **sombre**, encadrée par deux **bandes I** plus **claires**. Une **bande I** correspond à la partie du **sarcomère** constituée uniquement de **filaments fins**. Les filaments épais délimitent la **bande A**.

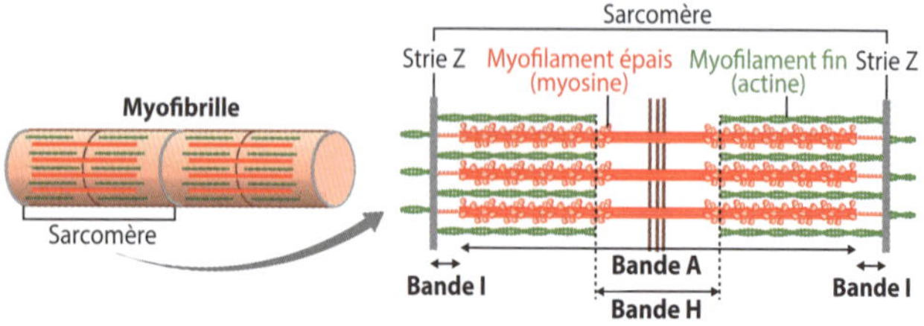
Myofibrille
Sarcomère
Sarcomère
Strie Z
Myofilament épais (myosine)
Myofilament fin (actine)
Strie Z
Bande I
Bande A
Bande H
Bande I

Organisation d'une myofibrille

2. Anomalies musculaires et myopathies*

Le **cytosquelette** des cellules musculaires est indispensable à la **contraction** des muscles. Des anomalies dans son organisation peuvent entraîner la **dégénérescence** des cellules (**myopathie**) et des **paralysies** plus ou moins graves.

> **Exemple :** la myopathie de Duchenne est due à la mutation du gène de la dystrophine, une protéine qui permet d'ancrer les cellules musculaires à la matrice extracellulaire. Ces dernières, désorganisées, se dégradent.

La contraction de la cellule musculaire

FICHE 44

Les muscles squelettiques, à l'origine des mouvements volontaires, sont constitués de fibres musculaires striées. Ces dernières sont des cellules eucaryotes hautement spécialisées qui peuvent s'allonger ou se raccourcir et provoquer la contraction ou le relâchement du muscle.

I La contraction à l'échelle cellulaire

1. Le glissement des filaments

- Les cellules musculaires striées sont constituées de myofibrilles, formées de filaments d'actine et de myosine. Ces dernières forment des motifs appelées sarcomères. Lors de la contraction, la longueur des filaments reste inchangée, mais les sarcomères se raccourcissent.

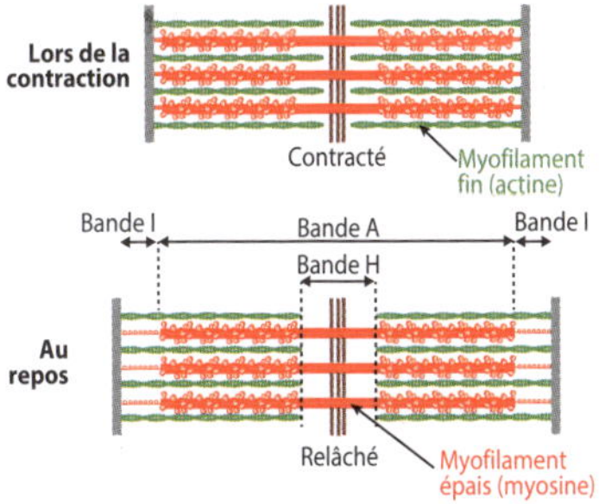

Lors de la contraction
Contracté
Myofilament fin (actine)
Bande I
Bande A
Bande I
Bande H
Au repos
Relâché
Myofilament épais (myosine)

Raccourcissement/élongation d'un sarcomère

- Ce raccourcissement est dû aux filaments fins d'actine qui coulissent sous l'action des têtes de myosine. Ce mouvement, qui a lieu uniquement en présence de Ca^{2+}, rapproche les stries Z. Les bandes I se raccourcissent, mais la taille des bandes A reste inchangée.

2. L'action du Ca^{2+}

- Lors de la contraction, la concentration cytoplasmique en Ca^{2+} augmente. Ces ions se fixent sur des protéines qui libèrent alors les filaments d'actine, ce qui permet la fixation des têtes de myosine.

- Lors de leur fixation sur l'actine, les têtes de myosine

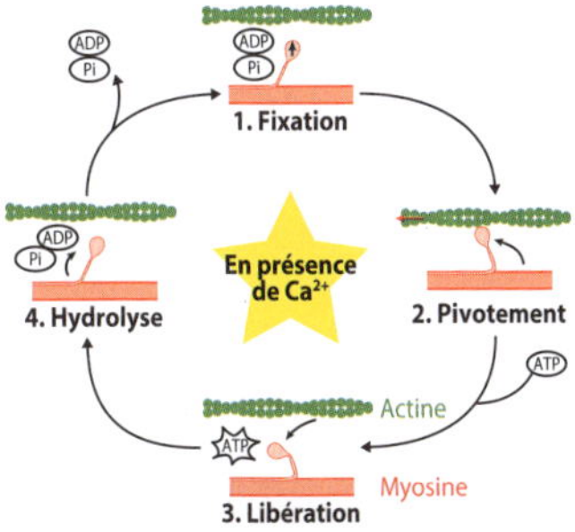

ADP
Pi
1. Fixation
En présence de Ca²⁺
2. Pivotement
ATP
4. Hydrolyse
Actine
Myosine
3. Libération

Un cycle de contraction

Lorsqu'un organisme meurt, il ne produit plus d'ATP. Les têtes de myosines restent fixées à l'actine. Les muscles restent contractés, provoquant une rigidité cadavérique.

basculent. Ce pivotement provoque le glissement du filament d'actine et nécessite la consommation d'énergie (hydrolyse) sous forme d'ATP.

- Après avoir pivoté, les têtes de myosine **se détachent**. Si le niveau de Ca^{2+} est toujours élevé, les têtes de myosine se fixent à nouveau sur le filament d'actine et provoquent un autre **déplacement**. Plus il y a de déplacements, plus les sarcomères se raccourcissent et plus la **contraction musculaire** est **intense**.

II La commande nerveuse de la contraction

- La libération de Ca^{2+} est provoquée par l'arrivée d'un **potentiel d'action** dans la cellule musculaire. Cette onde de dépolarisation se propage de proche en proche sur toute la membrane plasmique.
- Au niveau des **tubules T**, la membrane plasmique est très proche du réticulum sarcoplasmique (un compartiment intracellulaire). Dans cette zone, la dépolarisation de la membrane entraîne l'**ouverture des canaux à calcium** du réticulum sarcoplasmique. Le Ca^{2+} est alors libéré dans le **cytoplasme** de la cellule musculaire.
- Lorsque la cellule n'est plus excitée, le Ca^{2+} est à nouveau recapturé par le **réticulum sarcoplasmique**. La fixation actine-myosine n'est plus impossible et les muscles se relâchent.
- L'onde de dépolarisation musculaire est générée par l'action d'un **motoneurone** via une structure appelée la **synapse neuromusculaire** ou **plaque motrice** (→ *voir fiche 38*). Le neurotransmetteur mis en jeu est toujours de l'**acétylcholine**.
- Un motoneurone est généralement relié à plusieurs fibres musculaires avec lesquelles il forme une unité motrice (→ *voir fiche 39*). Plus une unité motrice contient de fibres musculaires et plus sa motricité est fine, mais de faible amplitude.

Exemple : les unités des muscles oculomoteurs (des yeux) possèdent 4 à 10 fibres tandis que celles des quadriceps (muscles de la cuisse) en possèdent des milliers.

Le métabolisme des cellules musculaires

FICHE 45

Le **métabolisme** désigne l'ensemble des **réactions chimiques** qui permet le fonctionnement d'une cellule. Pour leur contraction, les cellules musculaires ont **besoin d'énergie** qu'elles produisent par des **réactions métaboliques variées** en fonction de la **durée de l'effort**.

I L'ATP, une monnaie énergétique universelle

- Pour réaliser des réactions **chimiques endergoniques** (qui nécessitent de l'énergie) les cellules de notre corps utilisent l'**adénosine triphosphate** (**ATP**), un nucléotide constitué de trois groupements phosphates. Cette molécule contient une liaison (entre le 2e et 3e groupement phosphate) dont la rupture, par hydrolyse, entraîne la libération d'énergie chimique (30,5 kJ/mol) directement utilisable par la cellule.
- L'**hydrolyse** de l'ATP est gouvernée par une **ATPase** (enzyme), mais peut se produire spontanément au bout d'un certain temps, si bien que l'ATP ne peut pas être stocké. La cellule doit continuellement produire de l'ATP à partir de la dégradation de matière organique. La synthèse d'une mole d'ATP, gouvernée par l'**ATP synthase**, **consomme 30,5 kJ d'énergie**.
- L'ATP sert donc pour la cellule de stockage **transitoire d'énergie**, on parle de « monnaie énergétique ». Elle est cependant **indispensable** car la cellule ne peut pas utiliser **directement** l'énergie contenue dans la **matière organique**.

II Les différentes voies de production de l'ATP

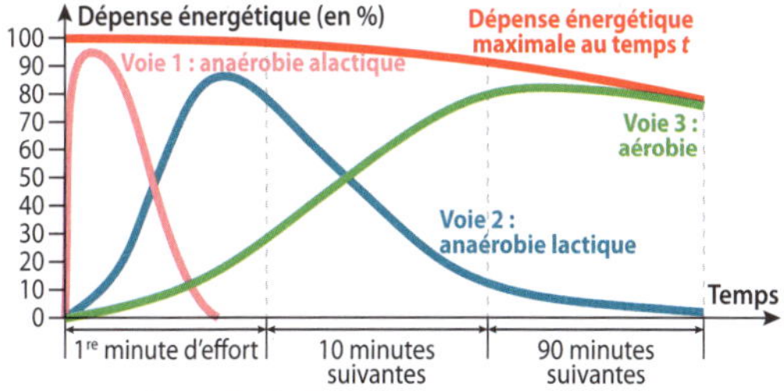

Dépense énergétique (en %)
100
90
80
70
60
50
40
30
20
10
0
Dépense énergétique maximale au temps t
Voie 1 : anaérobie alactique
Voie 3 : aérobie
Voie 2 : anaérobie lactique
Temps
1re minute d'effort
10 minutes suivantes
90 minutes suivantes

Voies métaboliques au cours de l'effort

1. Les voies anaérobies

• Dans les premières secondes de l'effort, le muscle produit de l'ATP grâce à l'**hydrolyse** de la **phosphocréatine**, mais cette réserve énergétique s'épuise rapidement.

Phosphocréatine + ADP = > créatine + ATP

• À partir de 20 secondes, **la fermentation lactique** se met en place. Elle permet la production d'ATP à partir de la dégradation du **glucose** qui est apporté soit par le sang, soit par la dégradation du **glycogène** contenu dans le muscle (→ *voir fiche 50*). Cette réaction a lieu dans le **cytoplasme** et a pour équation :

$$C_6H_{12}O_{6\,(\text{glucose})} + 2(\text{ADP, Pi}) => 2C_3H_6O_{3\,(\text{acide lactique})} + 2\text{ATP}$$

• Une **mole de glucose** contenant potentiellement 2 840 kJ d'énergie, le rendement énergétique* de la glycolyse* est donc de : $\frac{2 \times 30{,}5}{2\,840} \times 100 = 2\ \%$.

• Ce **rendement est très faible** car l'acide lactique contient encore beaucoup d'énergie.

2. La voie aérobie

• Au bout de quelques minutes, l'**apport d'O_2** dans la cellule musculaire permet la mise en place d'un nouveau métabolisme : la **respiration cellulaire** qui a lieu majoritairement dans la **mitochondrie** (→ *voir fiche 47*). L'équation globale est la suivante :

$$C_6H_{12}O_6 + 6O_2 + 36(\text{ADP, Pi}) => 6H_2O + 6CO_2 + 36\text{ATP}$$

• La voie aérobie permet une **production de 36 ATP** (soit 18 de plus que la voie anaérobie lactique). Son rendement est donc de $\frac{36 \times 30{,}5}{2\,840} \times 100 = 37\ \%$.

• La **respiration cellulaire** est donc un métabolisme beaucoup **plus efficace** que la **fermentation lactique**, mais nécessite de l'O_2.

Le catabolisme du glucose 1/2

FICHE 46

Le **catabolisme** désigne l'ensemble des réactions de dégradation de la matière organique et permet la production d'**énergie**. Il s'oppose à l'**anabolisme** qui désigne les réactions de production de **matière organique** (→ *voir fiche 22*). La **glycolyse**, le **cycle de Krebs** et la **chaîne respiratoire** sont donc des **réactions cataboliques** qui permettent d'extraire l'énergie contenue dans le glucose en l'**oxydant**.

Réaction oxydative : réaction qui met en jeu des transferts d'électrons. Le composé (ex. : glucose) s'oxyde en cédant des électrons à un accepteur (coenzyme) qui est alors réduit.

I La glycolyse, une voie universelle

• La glycolyse est universelle, elle se déroule chez tous les organismes. C'est une voie anaérobie d'oxydation du glucose qui a lieu dans le cytoplasme des cellules. Elle comporte **deux étapes** :
– la **phase d'initiation** qui consomme de l'énergie (**réaction endergonique**) pour transformer le glucose (molécule très stable) en glycéraldéhyde-3-phosphate, un composé plus réactif ;
– la **phase de remboursement** où le glycéraldéhyde-3-phosphate est transformé en 2 molécules de pyruvate. Cette réaction, **exergonique**, permet la production de 4 molécules d'ATP. Soit un gain total de 2 ATP et un rendement de 2 %.

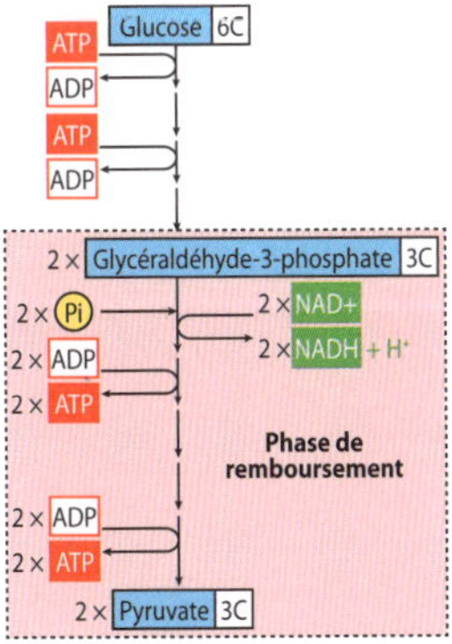

Glucose 6C
ATP
ADP
ATP
ADP
2 × Glycéraldéhyde-3-phosphate 3C
2 × Pi
2 × NAD+
2 × NADH + H+
2 × ADP
2 × ATP
Phase de remboursement
2 × ADP
2 × ATP
2 × Pyruvate 3C

Les étapes de la glycolyse

• Les réactions d'**oxydation** qui ont lieu durant la glycolyse entraînent la libération de **protons** (H^+) et d'**électrons**. Ces derniers sont pris en charge par des molécules appelées **coenzymes** (NAD^+, FAD^+) ou **transporteurs**.

• Les coenzymes jouent un rôle important car elles évitent l'acidification du milieu par la prise en charge de protons. Cependant, pour que la glycolyse continue, ces transporteurs* réduits doivent être réoxydés soit par fermentation, soit au cours du cycle de Krebs et de la chaîne respiratoire (respiration cellulaire).

II Le cycle de Krebs, un carrefour métabolique

Dans les **conditions aérobies**, c'est-à-dire en présence d'O_2, le **pyruvate** produit par la **glycolyse** entre dans la **mitochondrie**. Il est alors transformé en **acétyl-coenzyme A** (acétyl-CoA) :

$$\text{Pyruvate} + NAD^+ + \text{CoASH} => \text{Acétyl-CoA} + CO_2 + (NADH + H^+)$$

CoASH étant la coenzyme A sans le groupement acétyl.

1. Le déroulement du cycle de Krebs

- Le **cycle de Krebs** a lieu dans la **mitochondrie**. Il permet la transformation du groupement **acétyl** $COCH_3$ en deux molécules de CO_2.
- L'oxydation de l'acétyl-CoA ne s'accompagne pas directement de la production d'ATP, mais elle génère la production de transporteurs réduits riches en énergie, qui seront utilisés lors de la **chaîne respiratoire**. Elle permet aussi la production de **GTP** (guanosine triphosphate), dont l'hydrolyse en GDP libère de l'énergie.

2. Une voie amphibolique

- De nombreuses réactions aboutissent au cycle de Krebs qui constitue un véritable **carrefour métabolique**. Par exemple, l'**acétyl-CoA** peut provenir de la **dégradation des acides gras** ou des **corps cétoniques**.
- De plus, les intermédiaires du cycle de Krebs peuvent être utilisés pour la **synthèse** de divers composés : acides aminés, acides gras, cholestérol, glucose. Ces réactions font partie de l'anabolisme. Le cycle de Krebs intervient donc à la fois dans des **réactions cataboliques** et **anaboliques**, on parle d'une **voie amphibolique**.

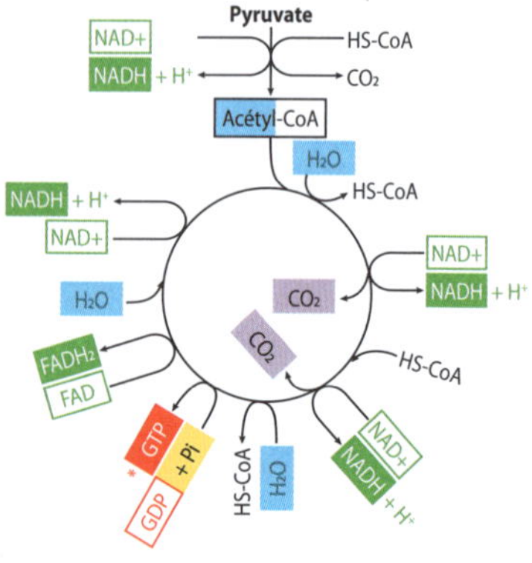
Pyruvate
NAD+
NADH + H+
HS-CoA
CO2
Acétyl-CoA
H2O
HS-CoA
NADH + H+
NAD+
NAD+
NADH + H+
H2O
CO2
CO2
FADH2
FAD
HS-CoA
GTP
+ Pi
GDP
*
HS-CoA
H2O
NAD+
NADH
+ H+

Cycle de Krebs

Le catabolisme du glucose 2/2

FICHE 47

Le **cycle de Krebs** conduit donc à la production de **transporteurs réduits** ($NADH/H^+$, $FADH_2$). Ces derniers sont **réoxydés** au cours de la **chaîne respiratoire** et permettent la production d'énergie sous forme d'**ATP**. Cette réaction a lieu dans la membrane interne des **mitochondries**.

I L'organisation de la mitochondrie

L'acquisition de la mitochondrie il y a 2 à 3 Ga (→ *voir fiche 9*) a permis aux eucaryotes de réaliser la respiration cellulaire, 18 fois plus efficace que la fermentation.

• La mitochondrie est un organite **semi-autonome**, elle possède donc son propre ADN et peut synthétiser une partie des **protéines** dont elle a besoin pour son **métabolisme**.

• Ces dernières sont notamment impliquées dans le **cycle de Krebs** et la **chaîne respiratoire** et font de la mitochondrie le siège de la respiration cellulaire. La respiration cellulaire permet en moyenne la production de 90 % de l'ATP utilisé par nos cellules : la mitochondrie représente donc la **centrale énergétique** d'une cellule.

• Le **dysfonctionnement** des mitochondries (**maladies mitochondriales**) peut conduire à des troubles métaboliques importants à l'origine de troubles développementaux et de **myopathies** (→ *voir fiche 43*).

• La mitochondrie est constituée de deux membranes :
– une membrane externe **perméable** à la plupart des ions (sauf H^+) et des petites molécules (ex. : pyruvate, O_2, etc.) ;
– une membrane interne, imperméable aux ions (notamment H^+), très riche en protéines avec de nombreux replis (crêtes mitochondriales), qui augmentent **sa surface**.

• Les deux membranes délimitent entre elles l'**espace intermembranaire** saturé en ions H^+. Le **cycle de Krebs** se déroule dans la matrice mitochondriale, délimitée par la membrane interne dans laquelle se déroule la **chaîne respiratoire**.

II La chaîne respiratoire et la production d'ATP

La chaîne respiratoire permet l'oxydation des transporteurs réduits, produits au cours de la glycolyse et du cycle de Krebs (→ *voir fiche 46*) .

1. La création d'un gradient de protons

• La réoxydation des transporteurs réduits entraîne la libération d'énergie, d'électrons et de protons. Les complexes présents dans la membrane interne des mitochondries captent les électrons et utilisent l'énergie pour expulser les protons dans l'espace intermembranaire : ils agissent comme des pompes à protons. Les protons sont donc inégalement répartis de part et d'autre de la membrane interne, on parle de gradient de protons.

> Exemple : on considère que l'oxydation du $NADH/H^+$ libère 10 protons, tandis que celle du $FADH_2$ en libère 6.

• Les électrons sont transférés d'un complexe à l'autre jusqu'à l'accepteur final, l'O_2, qui se transforme en H_2O. La chaîne respiratoire ne peut donc se faire qu'en aérobie.

2. L'utilisation du gradient de protons et la synthèse d'ATP

> **De la glycolyse** au cycle de Krebs, l'oxydation du glucose permet la production de : 10 NADH/H+, 2 $FADH_2$ et 2 ATP, soit, après la chaîne respiratoire, la production d'environ 10 x 3 + 2 x 2 + 2 = 36 ATP.

• La membrane interne des mitochondries est imperméable aux protons qui ne peuvent passer que par une ATP synthase. Le passage des protons via cette protéine permet la transformation d'ADP en ATP. On parle de phosphorylation oxydative puisqu'un groupement phosphate est attaché à la molécule d'ADP.

• L'ATP synthase transforme donc une énergie osmotique (gradient de protons) en énergie chimique (ATP), directement utilisable par la cellule.

> Exemple : l'ATP synthase utilise 4 protons pour produire 1 ATP. L'oxydation du $NADH/H^+$ permet donc la production de $\frac{10}{4} = 2,5 \approx 3$ ATP et celle du $FADH_2$ de $\frac{6}{4} = 1,5 \approx 2$ ATP.

Le métabolisme des cardiomyocytes

Sujet : Expliquer pourquoi les acides gras comme l'acide palmitique sont les substrats privilégiés des cardiomyocytes.

Les cellules du muscle cardiaque (cardiomyocytes) doivent se contracter très régulièrement et consomment énormément d'ATP. Pour produire leur ATP, elles utilisent à la fois du glucose (30 %) et des acides gras (60 %).

- **Document 1 : Quelques données**

Masse molaire de l'acide palmitique ($C_{16}H_{32}O_2$) : 256 g/mol.
Énergie libérée par l'hydrolyse de l'ATP : 30,5 kJ/mol.
Masse molaire du glucose : 180 g/mol.

- **Document 2 : L'hélice de Lynen**

L'hélice de Lynen permet la dégradation des acides gras. Les transporteurs réduits (NADH, H^+ et $FADH_2$) sont ensuite réoxydés dans la chaîne respiratoire tandis que les acétyl-CoA rejoignent le cycle de Krebs.

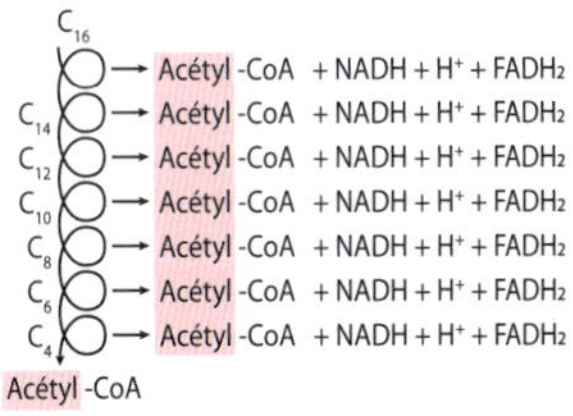
C16
C14
C12
C10
C8
C6
C4
Acétyl-CoA + NADH + H+ + FADH2
Acétyl-CoA + NADH + H+ + FADH2
Acétyl-CoA + NADH + H+ + FADH2
Acétyl-CoA + NADH + H+ + FADH2
Acétyl-CoA + NADH + H+ + FADH2
Acétyl-CoA + NADH + H+ + FADH2
Acétyl-CoA + NADH + H+ + FADH2
Acétyl-CoA

- **Document 3 : Le métabolisme du glucose**

	Réactifs	Produits énergétiques
Glycolyse	1 glucose	2 pyruvates, 2 ATP, 2 NADH, H^+
Décarboxylation	1 pyruvate	1 acétyl-CoA, 1 NADH, H^+
Cycle de Krebs	1 acétyl-CoA	3 NADH, H^+, 1 $FADH_2$, 1 ATP^+
Chaîne respiratoire	1 NADH, H^+	2,5 ATP
	1 $FADH_2$	1,5 ATP

Avant de commencer

- ► Combien d'ATP sont produits à partir de 1 g de glucose ?
- ► À partir de 1 g d'acide palmitique ?

➔ Étape 1 : calculer la production d'ATP du glucose

Selon le document 3, le métabolisme du glucose fait intervenir 4 réactions successives. La glycolyse suivie de la décarboxylation puis du cycle de Krebs conduisent à la formation de 1 mole de glucose en : 10 moles de (NADH, H^+), 2 moles de $FADH_2$ et 4 moles d'ATP (ne pas oublier qu'à la fin de la glycolyse, 2 pyruvates sont produits).

Les transporteurs réduits sont ensuite oxydés au cours de la chaîne respiratoire et produisent 28 moles d'ATP (10 x 2,5 + 2 x 1,5). Au total, la dégradation de 1 mole de glucose permet la production de 32 (28 + 4) moles d'ATP : soit 32 x 30,5 = 976 kJ.

Sachant que 1 mole de glucose pèse 180 g (document 1) : 1 g de glucose permet la production de $\frac{976}{180} = 5{,}4$ kJ.

➔ Étape 2 : calculer la production d'ATP de l'acide palmitique.

L'acide palmitique possède 16 carbones (document 1). D'après le document 2, 1 mole d'acide palmitique conduit, via l'hélice de Lynen, à la production de : 7 moles de (NADH, H^+), 7 moles de $FADH_2$ et 8 moles d'Acétyl-CoA.

En considérant que les acétyl-CoA rejoignent ensuite le cycle de Krebs (document 3), le bilan est alors de 31 moles de (NADH, H^+), 15 moles de $FADH_2$ et 8 moles d'ATP. Les transporteurs réduits sont ensuite oxydés via la chaîne respiratoire et produisent de l'ATP : 31 x 2,5 + 15 x 1,5 = 100 moles soit 108 x 30,5 = 3 294 kJ.

Au total, 108 moles d'ATP sont produites.

Or, 1 mole d'acide palmitique pèse 256 g (document 1). On en déduit donc que 1 g d'acide palmitique permet la production de

$\frac{3\,294}{256} = 12{,}9$ kJ.

À masse égale, la dégradation de l'acide palmitique libère donc 2,3 fois plus d'énergie que celle du glucose.

BILAN

Métabolisme et cellule musculaire

FICHE 49

QUIZ-Mémorisation active

Questions	Réponses
Qu'est-ce qu'un sarcomère ?	Un sarcomère est une sous-unité que l'on retrouve dans les myofibrilles des cellules musculaires. Il peut s'allonger (relâchement du muscle) ou se raccourcir (contraction du muscle).
Quel est le rôle du Ca^{2+} dans la contraction musculaire ?	Le Ca^{2+} permet la libération des filaments d'actine qui, en temps normal, sont masqués par la tropomyosine. Il est donc indispensable à la contraction musculaire.
La respiration cellulaire est-elle une réaction endergonique ou exergonique ? Même question pour la photosynthèse (→ *voir fiche 22*).	La respiration cellulaire permet la production d'ATP (énergie chimique). C'est donc nécessairement une réaction exergonique, c'est-à-dire qu'elle libère de l'énergie. La photosynthèse, elle, utilise de l'énergie lumineuse pour produire de la matière organique : c'est donc une réaction endergonique.
La respiration cellulaire a un meilleur rendement (37 %) que la fermentation lactique (2 %). Pourtant, dans les premières minutes de l'effort, toutes les cellules musculaires fermentent. Pourquoi ?	La respiration cellulaire nécessite de l'O_2 qui est l'accepteur final d'électrons dans la chaîne respiratoire. Lors d'un effort musculaire, l'approvisionnement accru en O_2 met plusieurs minutes à se mettre en place. Avant cela, les cellules musculaires en anaérobie sont obligées de fermenter.
Pourquoi parle-t-on d'une phase de remboursement dans la glycolyse ?	La première phase de la glycolyse consomme 2 ATP. On parle d'une phase d'initiation. Seule la seconde phase permet de produire de l'ATP et plus précisément 4 molécules. Cette phase permet donc de rembourser la dette en ATP contractée lors de la phase d'initiation et de faire un bénéfice de 2 ATP.
Le glycogène musculaire est une forme de stockage du glucose. Lorsqu'il est hydrolysé, il produit une forme active du glucose, qui intègre la glycolyse directement à la seconde étape de la phase d'initiation (→ *voir fiche 46*). Le rendement de la respiration est-il affecté ?	Si la cellule utilise du glycogène, la première réaction de la glycolyse n'a pas lieu. La cellule consomme donc un ATP de moins. La respiration cellulaire aboutit normalement à la production de 36 ATP. Ici, cette production est donc de 37. Le rendement de la respiration en partant du glycogène est donc de $\frac{37 \times 30,5}{2\,840} \times 100 = 40\,\%$. Il est donc légèrement meilleur.

SCHÉMA-BILAN

Le métabolisme d'une cellule musculaire

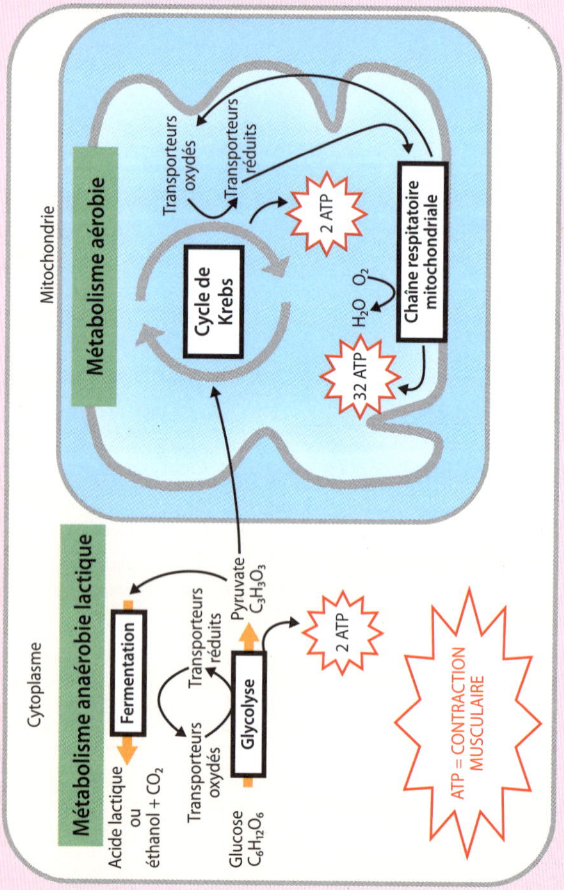
Cytoplasme
Mitochondrie
Métabolisme anaérobie lactique
Métabolisme aérobie
Acide lactique ou éthanol + CO_2
Fermentation
Transporteurs oxydés
Transporteurs réduits
Glucose $C_6H_{12}O_6$
Glycolyse
Pyruvate $C_3H_3O_3$
2 ATP
Cycle de Krebs
Transporteurs oxydés
Transporteurs réduits
2 ATP
Chaîne respiratoire mitochondriale
H_2O
O_2
32 ATP
ATP = CONTRACTION MUSCULAIRE

Le contrôle de la glycémie

FICHE 50

> **La glycémie*** est un paramètre régulé. Sa valeur est toujours d'environ 1 g de glucose par litre de sang.

Toutes nos cellules sont capables d'utiliser le glucose pour produire leur énergie soit par fermentation, soit par respiration cellulaire (→ *voir fiches 45 à 47*). Le glucose est un métabolite fondamental pour notre organisme et sa concentration sanguine, appelée glycémie, est un paramètre finement régulé.

I Les différents flux de glucose dans l'organisme

1. Les entrées de glucose dans l'organisme

- Le glucose est apporté par l'alimentation. Ce dernier entre dans le sang au niveau de la paroi des intestins. Il circule alors sous forme libre jusqu'à être absorbé par une cellule. Lorsque le glucose franchit la membrane plasmique, il est phosphorylé en glucose-6-phosphate. Ce dernier ne peut plus sortir de la cellule.

- Seules les cellules hépatiques (du foie) et intestinales peuvent transformer le glucose-6-phosphate en glucose et augmenter la glycémie. Ce sont donc des organes sources, par opposition aux organes puits (consommateurs de glucose).

- L'alimentation étant un phénomène discontinu, le stockage du glucose est essentiel à la survie de l'organisme. Il est stocké sous forme de glycogène (polymère de glucose) principalement dans les cellules du foie (150 g) et dans les cellules musculaires (250 g). En cas de jeûne, ces réserves peuvent être mobilisées au cours de la glycogénolyse comme source d'énergie locale (cellules musculaires) ou à destination de tout l'organisme (cellules hépatiques).

2. Des besoins en glucose variables

- Toutes les cellules utilisent du glucose pour leur fonctionnement. Ce besoin de glucose définit le métabolisme de base. Ce dernier dépend de l'âge, du sexe, de la taille et de la masse de l'individu.

- Au métabolisme de base s'ajoutent les besoins liés à l'activité physique. Les cellules musculaires consomment principalement du glucose pour produire l'énergie nécessaire à la contraction. Ainsi, plus l'activité physique est intense, plus les besoins en glucose sont importants.

II Les mécanismes de régulation de la glycémie

1. Les acteurs de la boucle de régulation

• La **glycémie** est un paramètre régulé par l'organisme. Comme tout système de régulation, son contrôle implique : un **capteur**, un **centre décisionnel** et un ou **plusieurs effecteurs**.

Hormone : substance produite par un organe (glande endocrine) et sécrétée dans le sang où elle circule, jusqu'à atteindre son organe cible.

• Le **pancréas** est à la fois le **capteur** et le centre **décisionnel**. Il mesure la **glycémie** et si celle-ci s'écarte de la **valeur consigne** (**1 g/L**), il libère un **message hormonal** (**fonction endocrine**).

– Si la glycémie est **trop élevée** (**hyperglycémie**), les **cellules ß pancréatiques** produisent de l'**insuline**.
– Si la glycémie est **trop faible** (**hypoglycémie**), les **cellules α pancréatiques** libèrent du **glucagon***.

• Les organes effecteurs sont les **muscles** et le **foie**. Ces organes changent de comportement vis-à-vis du glucose selon les **hormones pancréatiques**.

2. L'action des hormones pancréatiques

• L'insuline est une hormone dite **hypoglycémiante**, c'est-à-dire qu'elle fait baisser la glycémie. En effet, elle agit en stimulant l'**entrée du glucose** dans les cellules et en favorisant la synthèse de **glycogène** (glycogénogenèse). Elle est produite par le pancréas lors de la **phase postprandiale**, c'est-à-dire **après un repas**.

• Le glucagon est à l'inverse une hormone **hyperglycémiante**, qui conduit à une augmentation de la glycémie. Il favorise la **glycogénolyse** et la **libération de glucose** hépatique dans le sang. Il favorise également l'**économie du glucose** en stimulant dans les cellules des réactions métaboliques utilisant d'autres substrats (ex. : acides gras). Le glucagon est produit par le pancréas lors des **phases de jeûne**.

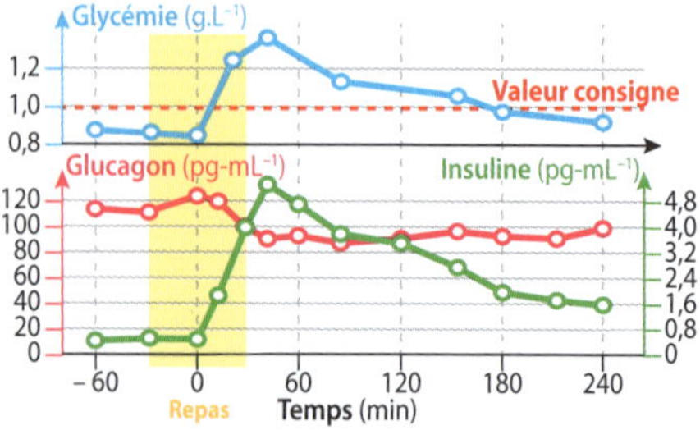

Glycémie (g.L⁻¹)
1,2
1,0
0,8
Valeur consigne
Glucagon (pg-mL⁻¹)
Insuline (pg-mL⁻¹)
120
100
80
60
40
20
0
4,8
4,0
3,2
2,4
1,6
0,8
0
– 60
0
60
120
180
240
Repas
Temps (min)

Variation de la glycémie après un repas riche en glucose

Les diabètes

FICHE 51

Selon l'Organisation mondiale de la santé, les **diabètes** entraînent chaque année la mort de 1,5 millions de personnes. C'est la **première pandémie** non infectieuse (non transmissible) de l'humanité. Ces maladies sont dues à des troubles de la régulation du glucose sanguin (→ *voir fiche 50*) et se caractérisent par une hyperglycémie à jeun (> 1 g/L). On distingue **deux types** de diabète : le diabète de type 1, dit **insulinodépendant**, et le diabète de type 2, dit **insulinorésistant**.

> **Le diabète MODY** est une autre forme très rare de diabète, découverte en 2017. Il s'agit d'un diabète insulinodépendant d'origine génétique qui se manifeste vers 20 ans (→ *voir fiche 6*).

I Le diabète insulinodépendant, une maladie auto-immune

- Le diabète de type 1 représente 10 % des cas de diabète. Il se manifeste tôt, durant l'enfance ou l'adolescence, et se caractérise par une **production insuffisante**, voire **nulle, d'insuline**.
- Ainsi, lors d'un repas, la faible production d'insuline empêche l'organisme de **stocker correctement le glucose**. L'**hyperglycémie** qui s'en suit devient **nocive pour l'organisme** et peut, à terme, provoquer des AVC (→ *voir fiche 39*), des crises cardiaques, des insuffisances rénales, une cécité, etc.
- Dans le diabète de type 1, la faible production d'insuline est due à la destruction des cellules ß des îlots de Langerhans du pancréas par le système immunitaire. Le diabète de type 1 est donc une **maladie auto-immune** et peut être diagnostiqué par la production d'**anticorps autoréactifs** (l'individu est séropositif).
- Il n'existe pas de **traitement curatif** pour la maladie, mais un **traitement palliatif : l'insulinothérapie**. Celui-ci consiste en des injections d'insuline quotidiennes, après chaque repas. L'insuline est produite en laboratoire par des **bactéries transgéniques** (→ *voir fiche 8*).
- Plusieurs traitements sont à l'étude. Certains visent à **régénérer les cellules ß**, en stimulant la **différenciation** de cellules pancréatiques souches. D'autres traitements, préventifs, auraient pour but d'**apprendre** à l'organisme à **tolérer les cellules ß** et d'empêcher ainsi le déclenchement de la maladie auto-immune.

II Le diabète insulinorésistant, une maladie plurifactorielle

1. L'apparition tardive de la maladie

- Le diabète de type 2 représente 90 % des cas de diabète. Il se caractérise par une baisse de sensibilité des cellules à l'insuline, en particulier des cellules du foie, des muscles et des tissus adipeux. Les cellules pancréatiques réagissent en **augmentant la production d'insuline** jusqu'à l'épuisement : la quantité d'insuline devient alors insuffisante.
- Le diabète de type 2 se manifeste généralement vers 40 ans, mais n'est diagnostiqué que vers 65 ans en moyenne. En effet, les **symptômes sont peu spécifiques** (soif importante, fatigue, fréquente envie d'uriner, faim régulière, etc.). L'Inserm estime ainsi que **20 à 30 %** des personnes atteintes du diabète de type 2 **ne sont pas diagnostiquées**.
- À terme, le diabète de type 2 peut entraîner les mêmes complications que le diabète de type 1 : AVC, crises cardiaques, insuffisances rénales…

2. Une maladie plurifactorielle

- Les causes de ce diabète sont multiples, c'est une maladie plurifactorielle. S'il existe des gènes de prédisposition, l'hygiène de vie semble toutefois jouer un rôle prépondérant. Certains comportements sont à risque : une alimentation trop grasse, trop sucrée, une activité physique peu intense.
- Des **facteurs environnementaux** interviennent également comme le **microbiote**. Ce dernier est la conséquence directe de notre mode de vie et peut constituer un facteur de risque. Les personnes diabétiques présentent ainsi « une **signature microbiotique** ».

3. Traiter le diabète de type 2

- Le traitement consiste essentiellement à **modifier les habitudes de vie** et implique notamment : une perte de poids, une activité physique régulière et une alimentation équilibrée.
- Il peut s'accompagner d'une **insulinothérapie** dans les formes les plus avancées.
- Les principaux axes de recherche sur le diabète de type 2 visent à comprendre les **facteurs déclenchant** la maladie. Le rôle du **microbiote intestinal** est particulièrement étudié.

Le stress aigu, un exemple d'adaptabilité de l'organisme

FICHE 52

Système neuroendocrinien : ensemble des organes (hypothalamus, hypophyse, surrénale, pancréas, etc.) qui produisent des hormones. Il permet une réaction coordonnée de l'organisme.

Face aux changements **de l'environnement**, les animaux modifient leur **comportement** (on parle d'**adaptabilité**). Parmi eux, le stress* aigu désigne l'ensemble des réponses mises en place par un individu lorsqu'il perçoit une menace, avérée ou non. Ces réponses font intervenir à la fois le système nerveux volontaire, le système **nerveux végétatif** et le système **neuroendocrinien**, avec pour objectif de préserver l'**intégrité de l'organisme**.

I Le déclenchement du stress aigu

1. La perception de l'agent stresseur

• Le **stress**, ou **agent stresseur**, est défini en biologie comme tout **stimulus environnemental** qui met en danger l'**homéostasie** de l'organisme, c'est-à-dire l'**équilibre** normal des fonctions corporelles.

• Ce dernier est perçu dans le cerveau par le **système limbique***, le centre impliqué dans la mémoire (hippocampe) et la gestion des émotions (amygdale). La perception de l'agent stresseur est alors analysée de manière subjective et la réponse engendrée varie donc fortement d'un individu à l'autre.

• C'est pour cela que le stress aigu est une **réponse adaptative** : sa mise en place et ses modalités peuvent se modifier au cours du temps, au gré des expériences, et l'individu peut apprendre à **relativiser** l'importance des agents stresseurs.

2. Le déclenchement du signal d'alerte (→ *voir fiche 56*)

En cas de stress, le **système limbique** analyse les différentes **informations sensorielles** perçues puis renvoie un signal au **cortex frontal**, à l'**hypothalamus** et au **tronc cérébral**. Ces trois structures activent une cascade d'événements qui permettent l'**amplification** de la réponse au stress.

– Le **cortex frontal** stimule le **centre nerveux volontaire** (→ *voir fiche 39*) qui stimule l'activité des muscles. L'individu soumis à un agent stresseur adopte alors un comportement de **fuite** ou un comportement de **lutte**. C'est le fameux « *fight or flight* ».

– L'hypothalamus active l'hypophyse, une petite glande qui libère des hormones qui se propagent à l'ensemble de l'organisme et entraînent la production de cortisol qui joue un rôle majeur dans l'arrêt du stress aigu (→ *voir fiche 53*).
– Le tronc cérébral, en particulier le centre de la vigilance (le *locus ceruleus*), active le système nerveux végétatif qui agit directement sur l'appareil cardiovasculaire et la production d'adrénaline. Il permet la mise en place d'une réponse très rapide dans l'ensemble de l'organisme.

II La mobilisation du système nerveux végétatif sympathique

1. Le rôle du système nerveux végétatif

• Le système nerveux végétatif ou autonome est la partie du système nerveux qui n'intervient pas dans les fonctions volontaires (→ *voir fiche 39*), mais dans le contrôle de l'appareil cardiovasculaire (muscles et vaisseaux sanguins) ainsi que dans la production d'hormones via la glande surrénale.

• Il est composé du système nerveux sympathique et parasympathique. Le système sympathique accélère le rythme cardiaque, mobilise le sang vers les muscles, augmente la pression artérielle, etc. Ce système est activé lors des situations d'urgences ou d'efforts physiques. Le système parasympathique, au contraire, ralentit le rythme cardiaque, baisse la pression artérielle, dirige le sang vers les intestins (favorise la digestion), etc.

2. Le système nerveux végétatif face au stress

• En cas de stress, le tronc cérébral active le système nerveux sympathique qui agit directement sur l'appareil cardio-vasculaire et permet la préparation de l'organisme à un éventuel effort. Le système sympathique active également une glande située en haut des reins : la glande surrénale. Celle-ci libère alors une hormone : l'adrénaline.

• L'adrénaline, appelée aussi hormone de l'urgence, permet une réponse extrêmement rapide de l'organisme face à l'agent stresseur. Tout comme les neurones sympathiques, elle entraîne une accélération du rythme cardiaque et respiratoire, une vasoconstriction, une hypertension et le maintien de l'organisme dans un état d'alerte.

• Elle agit également sur le métabolisme cellulaire en favorisant la libération du glucose par le foie (→ *voir fiche 50*) et la mobilisation des réserves énergétiques (glycogène, lipides). C'est donc une hormone hyperglycémiante. Elle stimule également le système immunitaire et facilite la mobilité des leucocytes. L'organisme est alors plus résistant aux infections.

Le cortisol et le retour à l'homéostasie

FICHE 53

En cas de stress, l'**adrénaline** produite par les **glandes surrénales** limite les fonctions corporelles non essentielles. Elle diminue notamment la digestion, la faim, la croissance et la libido. Une exposition prolongée à l'adrénaline peut donc se révéler **nocive** pour l'organisme. Le complexe **hypothalamo-hypophysaire** et le **cortisol** jouent un rôle essentiel dans la **fin de la réponse au stress** et le rétablissement de l'**homéostasie**.

I Du complexe hypotalamo-hypophysaire à la libération de cortisol

1. L'activation du complexe hypotalamo-hypophysaire

• Le **complexe hypotalamo-hypophysaire** appartient au système neuroendocrinien (→ *voir fiche 52*). Il est composé de l'**hypothalamus**, un petit groupe de neurones situés à la base du cerveau et directement reliés à une glande, l'**hypophyse**, située juste en dessous.

• En cas de stress, l'**hypothalamus** sécrète une hormone, la **CRF** (corticolibérine), qui active dans l'**hypophyse** la libération de l'**ACTH** (Adreno-Cortico-Trophic Hormone). Cette dernière passe dans le sang et se propage dans l'ensemble de l'organisme pour atteindre sa cible, la **glande surrénale**.

2. La glande surrénale et la production de cortisol

• La glande surrénale, située au-dessus des reins, est spécialisée dans la sécrétion d'hormones du stress (adrénaline et cortisol). Elle est constituée de deux structures : la **zone centrale** ou médullosurrénale et la **zone périphérique** dite corticosurrénale.

• La **zone médullosurrénale** (20 % de la glande) est richement innervée par le système végétatif et **produit rapidement**, en cas de stress, de l'**adrénaline**.

• La **zone corticosurrénale** (80 % de la glande) est au contraire peu innervée. Elle est activée en cas de stress par l'ACTH et produit du **cortisol**. Cette production

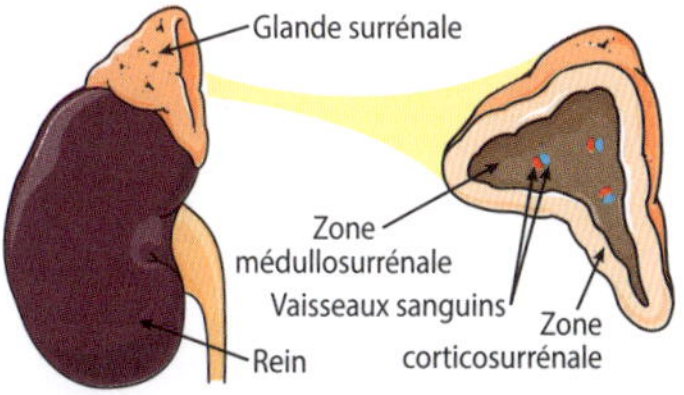
Glande surrénale
Zone médullosurrénale
Vaisseaux sanguins
Zone corticosurrénale
Rein

Structure de la glande surrénale

est plus tardive (30 minutes à 1 heure après stimulation) du fait du délai de circulation de l'ACTH.

II Le cortisol et le retour vers l'homéostasie

1. Les effets du cortisol sur l'organisme

• Le cortisol est un dérivé du cholestérol. C'est une molécule lipophile qui traverse les membranes plasmiques et agit directement sur l'expression des gènes. Cette hormone a des actions multiples.

– Elle est impliquée dans l'état d'éveil et joue un rôle important sur le rythme circadien (éveil-sommeil). La concentration en cortisol chez un individu varie tout au long de la journée et un pic est libéré juste avant la phase de réveil.

– Elle stimule l'appétit, la mobilisation du glucose et des réserves énergétiques. Tout comme l'adrénaline, c'est une hormone hyperglycémiante (→ *voir fiche 50*).

– Elle inhibe le système immunitaire, diminue le nombre de lymphocytes circulants et a un effet anti-inflammatoire.

• Tout comme l'adrénaline, le cortisol modifie le métabolisme de l'organisme. Une exposition prolongée au cortisol (→ *voir fiche 54*) peut être nocive. Mais sa production est régulée…

2. Un rétrocontrôle négatif du complexe hypothalamo-hypophysaire

• Le cortisol se propage dans la circulation générale et arrive jusqu'au cerveau. Cette hormone agit sur l'hypothalamus et l'hypophyse en inhibant la production de CRF et d'ACTH. Elle limite donc sa propre synthèse : on parle d'un rétrocontrôle négatif.

• Ce rétrocontrôle négatif permet d'éviter un emballement du système neuroendocrinien (surproduction d'hormones) et de limiter, dans le temps, le stress aigu qui pourrait être, à terme, nocif pour l'organisme.

• Le cortisol permet donc un retour à la normale des fonctions de l'organisme : on parle de résilience.

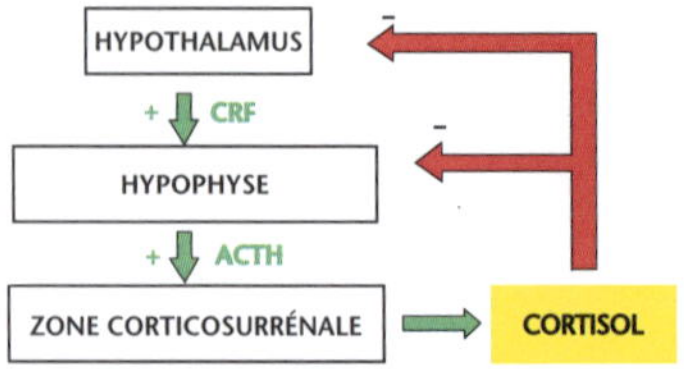
HYPOTHALAMUS
+ CRF
HYPOPHYSE
+ ACTH
ZONE CORTICOSURRÉNALE
CORTISOL
-
-

L'action du cortisol sur le complexe hypotalamo-hypophysaire

FICHE 54

Le stress chronique

Le stress aigu (→ *voir fiche 52*) est un comportement qui a pour vocation d'être limité dans le temps. En cas d'exposition intense et répétée à des agents stresseurs, l'organisme peut être débordé. On parle alors de stress chronique. Ce dernier représente un risque pour la santé, facilitant les problèmes cardiaques, l'obésité, la dépression, le vieillissement…

I Les conséquences du stress chronique

Si le stress entraîne un ensemble de réponses très diversifiées, un stress chronique a également des conséquences multiples sur l'organisme.

1. Sur le métabolisme et l'appareil cardiovasculaire

- En cas de stress, le cortisol et l'adrénaline augmentent la libération de glucose dans le sang. Si celui-ci n'est pas consommé, il finit par s'accumuler. Le stress chronique favorise ainsi la prise de poids et l'obésité et les épisodes réguliers d'hyperglycémie peuvent perturber le fonctionnement pancréatique et favoriser le déclenchement d'un diabète de type 2 (→ *voir fiche 51*).

- Par ailleurs, le stress agit sur le système cardiovasculaire en augmentant le rythme cardiaque, la pression artérielle et la contraction des vaisseaux sanguins (vasoconstriction). Le stress chronique peut donc conduire à des problèmes cardiaques, une hypertension et à l'épaississement des artères, perturbant la circulation sanguine.

2. Actions sur le système immunitaire et système nerveux

- Le stress perturbe aussi le système immunitaire. L'individu immunodéprimé est alors plus sensible aux agents pathogènes et développe plus facilement des inflammations (ex. : colite) et des maladies.

- Le cycle circadien (→ *voir fiche 53*) peut également être affecté car le cortisol maintient dans un état d'éveil, provoquant des insomnies.

- À terme, le cortisol entraîne une modification des structures cérébrales (plasticité maladaptative) et altère leur fonctionnement. Les zones les plus touchées sont : le cortex préfrontal (spécialisé dans la prise de décision), l'hippocampe (mémoire) et l'amygdale (gestion des émotions). Le stress chronique génère des troubles de l'apprentissage, de l'attention, une baisse des performances cognitives et favorise la dépression, l'irritabilité, etc.

II Soigner le stress chronique

1. Les benzodiazépines

• Le **stress chronique** peut être pris en charge de façon médicale. Les traitements, comme les **benzodiazépines**, visent à stimuler la **résilience** de l'organisme (son retour à l'homéostasie).

• Les **benzodiazépines**, ou **anxiolytiques**, agissent en augmentant l'action de neurones inhibiteurs. Elles se fixent sur les récepteurs du **GABA**, un neurotransmetteur inhibiteur (→ *voir fiche 39*), dont elles amplifient l'action : ce sont des molécules **agonistes***. Elles sont utilisées pour traiter les **troubles moteurs** (tremblements, contractions inopinées), l'**anxiété** et l'**insomnie**.

• Ces molécules peuvent toutefois entraîner des **effets secondaires importants** (somnolence, trouble de la mémoire et de la concentration) et une **addiction** (→ *voir fiche 40*). En France, elles ne sont délivrées que sous **ordonnance médicale**.

Le GABA et les benzodiazépines se fixent sur un canal à chlore. L'entrée de chlore entraîne une hyperpolarisation qui inhibe l'activité du neurone post-synaptique.

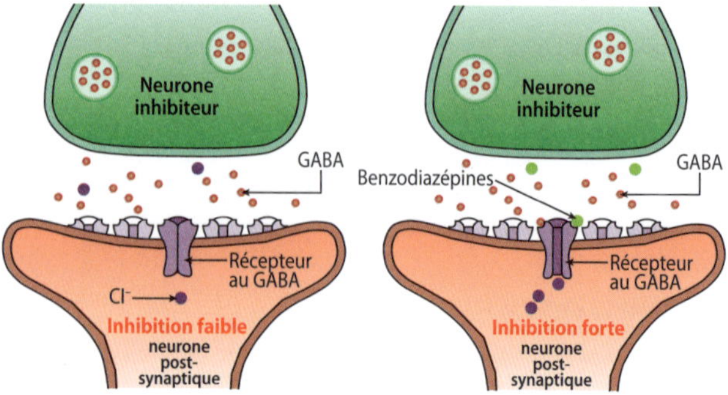
Neurone inhibiteur
GABA
Récepteur au GABA
Cl⁻
Inhibition faible
neurone post-synaptique
Neurone inhibiteur
Benzodiazépines
GABA
Récepteur au GABA
Inhibition forte
neurone post-synaptique

Effet des benzodiazépines sur un motoneurone

2. Les pratiques non médicamenteuses

• Le stress chronique se déclenche suite à l'exposition d'un stress prolongé ou particulièrement intense. Or, l'identification d'un **agent stresseur** est très **subjective** et dépend de **facteurs génétiques** et **environnementaux**.

• Des méthodes permettant de **relativiser l'importance** des agents stresseurs peuvent réduire efficacement le **stress chronique** (ex. : relaxation, méditation, pratique sportive, artistique, etc.).

Un exemple d'anxiolytique, le diazépam

Sujet : Expliquer l'intérêt du diazépam dans le traitement du stress chronique.

Le diazépam est un médicament appartenant à la famille des benzodiazépines. Il est utilisé contre l'anxiété, les agitations psychomotrices (spasme, convulsion) et les crises de panique.

- **Document 1 : Montage expérimental**

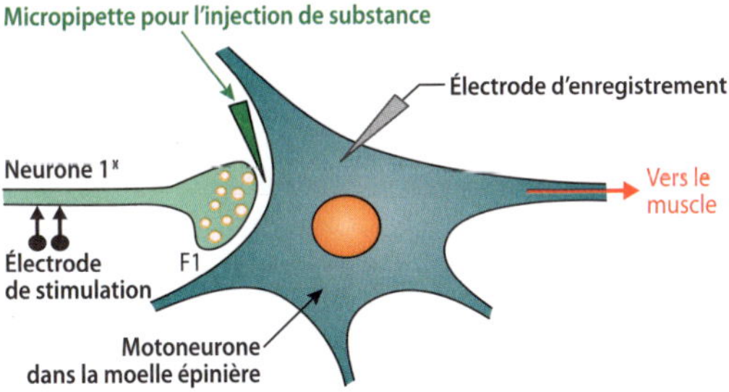
Micropipette pour l'injection de substance
Électrode d'enregistrement
Neurone 1*
Vers le muscle
Électrode de stimulation
F1
Motoneurone dans la moelle épinière

On retrouve des neurones de type 1 dans tout le système nerveux (amygdale, hippocampe, cortex et moelle épinière)

- **Document 2 : Enregistrement de l'activité du mononeurone suite à la stimulation du neurone 1 (symbolisée par la flèche)**

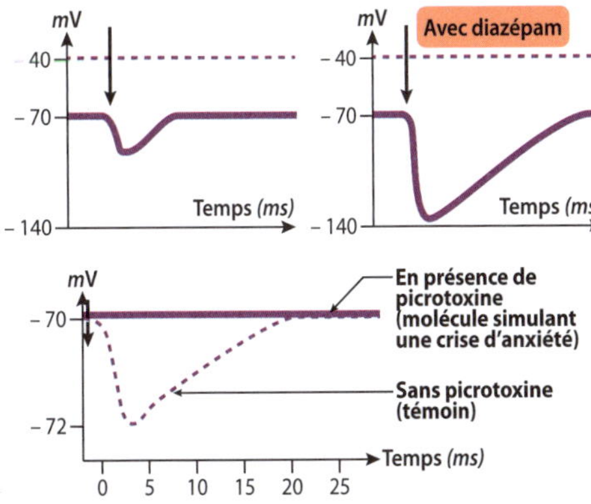
mV
40
– 70
– 140
Temps (ms)
mV
Avec diazépam
– 40
– 70
– 140
Temps (ms)
mV
– 70
– 72
En présence de picrotoxine (molécule simulant une crise d'anxiété)
Sans picrotoxine (témoin)
Temps (ms)
0
5
10
15
20
25

Avant de commencer

- Comment les neurones sont-ils affectés en cas de stress ?
- Quelle est l'action du diazépam ?

Étape 1 : déterminer l'effet du stress sur les neurones

On s'intéresse ici à l'action du neurone 1 (document 1) sur les motoneurones, c'est-à-dire les neurones impliqués dans la contraction musculaire. Dans le document 2, on peut voir que lorsque le neurone 1 est stimulé, la membrane du neurone 2 est hyperpolarisée (– 100 mV). Le neurone 1 est donc un neurone inhibiteur (→ *voir fiche 39*).
En cas de stress, le potentiel membranaire du neurone 2 est de – 70 mV (potentiel de repos). Le stress perturbe l'action du neurone 1 et entraîne une levée de son inhibition sur le neurone 2, d'où les contractions musculaires et troubles psychomoteurs liés au stress.

Étape 2 : identifier l'action du diazépam

Le document 2 montre l'action du neurone 1 sur le neurone 2 avec ou sans diazépam. Je peux voir qu'en présence du médicament, l'hyperpolarisation du neurone 2 est plus importante (– 140 mV). Le diazépam amplifie l'action inhibitrice du neurone 1 et reduit donc les contractions musculaires inopinées.
Le diazépam est donc un médicament efficace contre les troubles psychomoteurs.
De plus, d'après le document 1, les neurones de type 1 sont très répandus dans l'organisme et on les trouve notamment dans le système limbique (amygdale, hippocampe). Or, le système limbique est impliqué dans la perception de l'agent stresseur et le déclenchement de la réaction au stress. On peut supposer que le diazépam, en amplifiant l'inhibition des neurones de type 1 sur le système limbique, entraîne une baisse de l'anxiété et de la perception des agents stresseurs.

Hormones et stress

QUIZ-Mémorisation active

Questions	Réponses
Qu'est-ce qu'une hormone ?	Une hormone est une molécule produite par une glande endocrine, qui passe par la circulation sanguine et qui affecte le fonctionnement d'un organe cible.
Qu'est-ce qu'une hormone hyperglycémiante ? Donner plusieurs exemples.	Une hormone hyperglycémiante augmente la glycémie, c'est-à-dire la concentration de glucose sanguin. C'est le cas du glucagon, de l'adrénaline et du cortisol.
Qu'est-ce que le diabète ?	Le diabète est un ensemble de maladies qui se caractérisent par une hyperglycémie à jeun, c'est-à-dire supérieure à 1 g/L. Elles sont liées à un problème de sensibilité ou de production de l'insuline.
Qu'est-ce que le stress aigu ? Pourquoi est-il important pour l'organisme ?	Le stress aigu désigne l'ensemble des réactions mises en place par un individu lorsque celui-ci perçoit une menace, qu'elle soit réelle ou non. Ce comportement est vital, car il permet de protéger l'intégrité de l'organisme.
Qu'est-ce que l'homéostasie ?	L'homéostasie désigne l'équilibre vers lequel tend toutes les fonctions corporelles (ex. : glycémie à 1 g/L, rythme cardiaque de 80 battements/min, etc.). C'est un signe de bonne santé de l'organisme.
Yanis a l'œil tout rouge, signe d'une inflammation importante. Son ophtalmologue lui a prescrit un collyre à base de cortisol. Yanis s'étonne d'utiliser une « hormone du stress » pour soigner son œil. Argumenter.	Le cortisol est certes l'hormone du stress, mais il a de multiples effets. Il agit en diminuant l'action du système immunitaire, et notamment la réponse inflammatoire (RIA). Yanis peut donc l'utiliser comme anti-inflammatoire dans son œil.
Le XIXe siècle a connu l'essor de la physiologie expérimentale. C'est à cette époque que la régulation de la glycémie a été mise en évidence, notamment par des expériences d'ablation (section) de foie sur des chiens. Quelles peuvent être les conséquences sur l'animal d'une telle expérience ?	Le foie est un organe jouant un rôle clé dans la régulation de la glycémie. En effet, en cas d'hyperglycémie, il peut stocker le glucose sous forme de glycogène. En cas de jeûne, il libère du glucose dans le sang. On peut donc supposer que l'ablation du foie chez un chien entraînera une hypoglycémie (le foie ne libère plus de glucose) immédiate et, en cas de prise alimentaire, une hyperglycémie.

SCHÉMA-BILAN

Le stress aigu, une réponse comportementale complexe

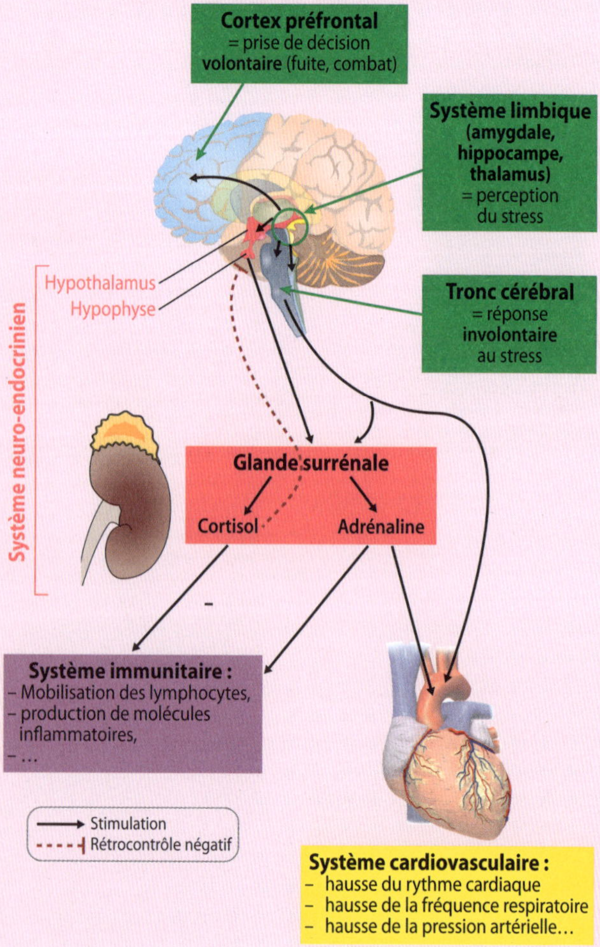

Cortex préfrontal
= prise de décision
volontaire (fuite, combat)
Système limbique
(amygdale,
hippocampe,
thalamus)
= perception
du stress
Hypothalamus
Hypophyse
Tronc cérébral
= réponse
involontaire
au stress
Système neuro-endocrinien
Glande surrénale
Cortisol
Adrénaline
–
Système immunitaire :
– Mobilisation des lymphocytes,
– production de molécules
inflammatoires,
– …
Stimulation
Rétrocontrôle négatif
Système cardiovasculaire :
– hausse du rythme cardiaque
– hausse de la fréquence respiratoire
– hausse de la pression artérielle…

Méthode pour le Grand Oral
Le déroulement de l'épreuve

FICHE 57

Coefficient : 10
Durée : 20 minutes de préparation + 20 minutes d'épreuve
Objectif : Évaluer la capacité d'un candidat à s'**exprimer à l'oral**, à s'approprier des **connaissances** et à **argumenter**.

I Le déroulement de l'épreuve

1. Le travail à mener sur l'année

- Pendant l'année, l'élève prépare **deux questions** qui portent chacune sur l'une des **deux spécialités** gardées en terminale, ou sur les deux en même temps. Ces questions doivent se rapporter au **programme de l'année de terminale** (attention, des questions de cours seront posées lors de l'entretien).

Exemples :
– Pour le thème 1 : Quelle est l'histoire géologique de ma région ? En quoi les progrès de la génétique au XXe siècle ont-ils révolutionné la médecine ?
– Pour le thème 2 : Quelles actions peut-on mener au quotidien contre le réchauffement climatique ? En quoi la multiplication végétative représente-t-elle un enjeu économique ?
– Pour le thème 3 : Comment gérer le stress à l'école ? Quel régime alimentaire adopter pour augmenter ses performances sportives ?

- La préparation de ces questions se fait **tout au long de l'année** et est encadrée par des enseignants de la discipline. Le travail peut se faire **seul** ou en **groupe**, mais l'évaluation sera, quoi qu'il en soit, **individuelle**.

2. Le jour de l'oral

- Le jour de l'épreuve, le candidat présente les deux questions qu'il a préparées aux membres du jury. Ce dernier, composé de deux enseignants (dont au moins un professeur de spécialité), choisit l'**une des deux questions** que le candidat devra traiter. Le candidat dispose alors de **20 minutes** pour **se préparer** et **réaliser** éventuellement un **support** qu'il remettra au jury (schéma, tableau de données, dessin, etc.).

- Après ce temps de préparation, l'oral commence. Dans un premier temps (5 minutes), le candidat est debout, face au jury, et doit présenter la question qu'il a préparée. Il ne dispose d'aucune note.

- L'oral se poursuit par un **entretien** où le candidat est assis ou debout (selon sa convenance). Le jury évalue alors pendant **10 minutes** les **connaissances** du candidat sur le **programme de terminale** en lien avec la question présentée. Il évalue tout particulièrement sa capacité à utiliser les connaissances du cours pour **raisonner** et **convaincre**.

- Par la suite, le jury pose **5 minutes** de questions sur le **projet professionnel** du candidat. Ce dernier doit alors expliquer pourquoi son sujet est en lien avec le parcours professionnel qu'il envisage.

II Les critères d'évaluation

1. Les attendus du jury

- Durant la prestation orale, plusieurs critères sont évalués :
– la **qualité de l'expression orale** (débit fluide, variations de ton, voix posée et audible, posture, etc.) ;
– la **qualité de la prise de parole** (vocabulaire riche, précis, phrases bien construites, bonne gestion du temps, etc.) ;
– la **qualité de la démarche** (propos clairs, structurés, raisonnement cohérent, fil directeur accessible, appropriation du sujet, etc.) ;
– la **qualité des connaissances acquises** (connaissances solides, facilement mobilisées) ;
– la **qualité de l'interaction avec le jury** (bonne réactivité face aux questions, réponses détaillées, écoute de l'interlocuteur, etc.).

- Tous ces critères sont évalués avec une grille allant de très insuffisant (1) à très satisfaisant (4) et aboutissent à une **note sur 20**.

2. Quelques conseils

En 20 minutes, le candidat doit convaincre le jury de son **sérieux**, de ses **connaissances** et de ses **capacités oratoires**. Pour mener à bien cet oral, il est conseillé de :
– **connaître** sa présentation (ne pas **improviser**). Votre discours sera plus efficace, votre débit plus fluide, et vous gérerez beaucoup mieux votre temps ;
– éviter les discours trop **convenus**. Il ne s'agit pas de faire un exposé scolaire. Votre oral doit être **personnel** ;
– soigner sa **communication non verbale**. Pensez à votre posture, vos gestes, vos expressions et à votre tenue…

Méthode pour le Grand Oral Préparer l'épreuve

FICHE 58

Le Grand Oral est une épreuve qui se prépare tout au long de l'année, avec l'aide des professeurs de spécialité et éventuellement de quelques camarades. Il convient de préparer à la fois le contenu (les deux questions) et l'oral en lui-même.

I Préparer sa prestation orale

1. Avant le jour de l'épreuve

- Cinq minutes est à la fois un temps très long, et un temps très court. La meilleure méthode pour avoir un débit fluide et un discours clair, c'est d'organiser ses idées en suivant un plan.

- Pensez à construire votre oral comme une histoire : avec un début (pourquoi vous avez choisi cette question), un milieu (la démarche documentaire que vous avez menée et ses rebondissements éventuels) et une fin (ce que ce travail vous a apporté). Ainsi scénarisé, votre discours sera plus facile à mémoriser.

- Il est également important de bien préparer et de répéter à l'avance cette partie de l'épreuve. Chronométrez-vous et pensez à varier vos façons de répéter.

> Exemple : vous pouvez réciter à haute voix devant un miroir, à un ami, de la famille ou vous enregistrer avec votre smartphone.

- Pensez alors à écouter votre prestation (pour évaluer la qualité de votre prise de parole), mais aussi à la regarder (pour évaluer votre posture et l'image que vous renvoyez).

2. Pendant les 20 minutes de préparation

- Le jury vient de vous attribuer une question. Vous êtes au fond de la salle et vous avez 20 minutes pour vous préparer, que faire ? Tout d'abord, même si vous n'aurez pas le droit de le conserver, écrivez sur votre brouillon le déroulé de votre oral. En écrivant, vous mobilisez de nombreuses aires corticales et vous réactivez plus efficacement votre mémoire.

- Vous pouvez également préparer un support à remettre au jury. C'est le moment de vous démarquer en montrant votre investissement ou votre originalité. Mais attention, ne perdez pas de temps à improviser un support si vous n'avez pas réfléchi à la question au préalable : vous risquez de perdre un temps précieux pour un résultat décevant.

Exemple : votre support peut présenter une expérience ou observation que vous avez menée, des résultats obtenus, un schéma-bilan, etc.

II Préparer l'entretien

1. Les questions de connaissances

- Pendant 10 minutes, le jury va vous poser des **questions de cours** et évaluer votre **capacité à argumenter**. Pour se préparer à cette partie de l'entretien, il va de soi qu'il faut maîtriser son cours mais aussi **savoir l'utiliser judicieusement** pour raisonner.

- Pour que votre argumentation soit **persuasive**, elle doit s'appuyer sur des **sources judicieuses** (ex. : OMS, Inra, Anses, GIEC, etc.), des **exemples détaillés** et des **valeurs précises**.

- En sciences, on s'attend à ce que vous maîtrisiez la **démarche scientifique** qui est une **démonstration**. Celle-ci part toujours d'un **fait**, pose une **problématique**, émet une **hypothèse** et teste sa validité par une **expérience**.

- Lorsque vous décrivez une expérience, pensez à énoncer les conditions **expérimentales** et les témoins **réalisés**. Ainsi, vous donnerez au jury les clés pour interpréter cette expérience et aboutir à la même conclusion que vous. Votre démarche sera plus convaincante !

2. Le projet professionnel

Sans forcément avoir un métier arrêté, vous devrez présenter vos pistes et vos recherches (visite d'un salon étudiant, d'écoles, suivi d'un MOOC, etc.).

- Dans les 5 dernières minutes de l'entretien, le jury va vous poser des questions sur votre **projet professionnel** et son lien avec la question que vous avez choisie. Il s'agit de montrer au jury que le sujet que vous avez traité vient d'un choix personnel, et qu'il s'inscrit dans votre projet professionnel.

Exemple : « J'ai choisi de m'intéresser au stress chronique car je veux suivre des études de médecine et que ces dernières sont réputées pour être particulièrement stressantes. Comprendre le fonctionnement du stress chronique serait très utile pour mes études. »

- Il est difficile de se préparer aux **questions du jury** qui sont **improvisées**. Toutefois, certaines **questions incontournables** mérites d'être travaillées en amont : Pourquoi avez-vous choisi ce sujet ? Que retenez-vous de vos recherches ? Que vous ont-elles apporté dans votre quotidien ? etc.

Méthode pour l'ECE

FICHE 59

Coefficient : 16
Durée : 1 h
Notation : 5 points sur la note de spécialité SVT

I Présentation générale de l'épreuve

- L'évaluation des capacités expérimentales (ECE) est une épreuve individuelle, qui a pour objectif d'évaluer l'autonomie d'un candidat et sa maîtrise de la démarche scientifique. Ces deux compétences ont été travaillées tout au long de l'année, au cours des **séances de travaux pratiques**. Aucune connaissance n'est exigée dans cette épreuve.

- L'épreuve a lieu pendant les écrits de spécialité, vers le mois de mars, au sein de l'établissement. Le jour de l'épreuve, le candidat pioche au hasard un sujet. L'épreuve se déroule en deux étapes :
– l'**étape A** (40 minutes), où le candidat doit proposer à l'**oral** une **stratégie** pour résoudre une situation problème et la mettre en œuvre ;
– l'**étape B** (20 minutes), où le candidat doit **communiquer** ses résultats et répondre au problème sur la fiche réponse fournie.

II L'étape A : déroulé, évaluation et conseils

1. Proposer une stratégie efficace (15 min)

- Lorsque l'épreuve commence, le candidat dispose de **plusieurs documents** (sujet, protocole succinct, fiche réponse…) et de **matériel expérimental**. Il a alors **15 minutes maximum** pour prendre connaissance du sujet, appeler le jury et proposer à l'oral une **stratégie complète et réaliste** afin de résoudre le problème posé. Cette partie compte pour 20 % de la note finale de l'épreuve.

- Plusieurs stratégies sont possibles. Une stratégie est considérée complète si le candidat expose : son objectif, sa méthode (l'expérience qu'il va mettre en œuvre) et les résultats qu'il s'attend à obtenir.

> Conseil : penser à écrire sa stratégie au brouillon sous forme de 3 tirets, pour n'oublier aucun des critères attendus.

- L'examinateur peut être amené à **guider** le candidat. Si cette **aide** est **mineure**, elle n'a pas d'impact sur la note, mais si elle est plus conséquente, le candidat peut perdre plus ou moins de points. Attention, au bout de 15 minutes, si le candidat n'a pas proposé de stratégie pertinente, celle-ci sera **imposée** par l'examinateur.

2. Manipuler (25 min)

- Dès que le candidat a proposé sa stratégie, il peut commencer à **manipuler**. Dans les documents à disposition, un protocole est proposé et doit servir de guide au candidat. Ce dernier est cependant peu détaillé et le candidat doit prendre des **initiatives**, comme demander du **matériel supplémentaire**.

> Conseil : lors de la manipulation, ne pas oublier de réaliser des témoins, servant d'outil de comparaison.

- Durant la **manipulation** (40 % de la note), l'examinateur va évaluer la capacité du candidat à manipuler de manière autonome en respectant les **consignes de sécurité** (port de la blouse, gants, lunettes, etc.). Là encore, l'examinateur peut intervenir pour donner des conseils ou des consignes au candidat.

> Conseil : bien faire attention aux pictogrammes de sécurité sur la fiche protocole. Leur non-respect est fortement pénalisé.

Pictogramme port de lunettes obligatoire

III L'étape B : déroulé, évaluation et conseils

- Au bout de 40 minutes d'épreuve, le candidat doit passer à l'étape B. S'il n'a pas fini de manipuler ou que l'expérience n'est pas concluante, des résultats sont fournis par le jury (le candidat ne gagne alors aucun point sur la partie manipulation de l'étape A).

> Conseil : travailler avec une montre permet de bien gérer son temps.

- Le candidat est amené à **communiquer** ses résultats. Cette communication peut prendre des **formes variées** (graphique, schéma, dessin d'observation, tableau, etc.), sauf celle d'un texte. La qualité de cette communication (25 % de la note) est évaluée selon trois critères :
  - la **pertinence** de la production (informations exactes et complètes) ;
  - la **cohérence** du contenu (informations bien organisées et en lien avec le sujet) ;
  - la **technique** de représentation (soin, légendes, titre, etc.).

> Conseil : ne pas oublier de mettre un titre à sa production.

- Le candidat doit ensuite analyser les résultats obtenus pour répondre au problème posé. Dans cette conclusion, qui compte pour 15 % de la note, trois critères sont évalués : la description des résultats (« je vois »), l'ajout de connaissances extraites des documents (« je sais ») et la réponse au problème (« je conclus »).

Lexique

A

Adaptation (au réchauffement climatique) : ensemble des mesures préventives permettant de préparer les populations aux conséquences du réchauffement climatique.

Agonistes : se dit de deux molécules (ou de deux muscles) qui ont les mêmes effets.

Albédo : capacité d'une surface à réfléchir le rayonnement solaire perçu.

Angiosperme : plante à fleurs.

Antagonistes : se dit de deux molécules (ou de deux muscles) qui ont des actions opposées.

Arc réflexe : ensemble des structures impliquées dans la réalisation d'un réflexe.

ATP : source d'énergie universelle pour les cellules, servant de monnaie d'échanges énergétiques.

Atténuation (du réchauffement climatique) : ensemble des mesures visant à réduire la quantité de gaz à effet de serre dans l'atmosphère.

B

Brassage interchromosomique : migration aléatoire des chromosomes homologues, vers l'un des pôles de la cellule, au cours de l'anaphase I de la méiose.

Brassage intrachromosomique : échange d'allèles entre deux chromosomes homologues, lors de la prophase I de la méiose.

C

Caryotype : ensemble des chromosomes d'une cellule.

Chaîne respiratoire : ensemble de protéines contenues dans la membrane interne des mitochondries. Ces dernières permettent l'oxydation des transporteurs réduits et la production d'ATP.

Chlorophylle : pigment, à l'intérieur du chloroplaste, capable d'absorber l'énergie lumineuse utilisée pour réaliser la photosynthèse.

Chloroplaste : organite siège de la photosynthèse.

Clones cellulaires : ensemble des cellules identiques entre elles, à quelques mutations près.

Crossing-over : enjambement entre deux chromosomes homologues, qui conduit à des échanges de matériel génétique.

Cycle de Krebs : réaction chimique qui a lieu dans la mitochondrie et qui permet l'oxydation de l'acétyl-CoA. Elle conduit à la libération de CO_2 et de transporteurs réduits qui rejoignent la chaîne respiratoire.

Cycle de Milankovitch : période d'environ 100 000 ans comprenant un stade glaciaire et interglaciaire.

Cycle de Wilson : période d'environ 400 à 600 Ma caractérisée par la formation d'un supercontinent puis par sa dislocation.

Cycle orogénique : ensemble des étapes aboutissant à la formation d'une chaîne de montagnes et à son érosion.

D

Datation absolue : méthode permettant de déterminer l'âge d'une roche, exprimé en chiffres. Ex. : radiochronologie.

Datation relative : méthode permettant de déterminer l'âge d'une roche par rapport à d'autres. Ex. : stratigraphie.

Demi-vie : période au bout de laquelle la moitié des éléments radioactifs se sont désintégrés.

Dérive génétique : mécanisme évolutif qui conduit à la variation des fréquences des allèles, dans une population, sous l'effet du hasard.

Diabètes : ensemble des maladies caractérisées par une hyperglycémie à jeun.

Diploïde : cellule qui possède deux lots de chromosomes homologues, de formule chromosomique 2n.

Domestication : modification des caractères héréditaires d'une espèce par l'action de l'humain.

E

Endosymbiose : symbiose où l'un des organismes vit à l'intérieur de l'autre.

Eustatisme : variation du niveau moyen des mers.

Étamine : organe reproducteur mâle d'une Angiosperme, contenant les grains de pollen.

F

Famille multigénique : ensemble de gènes issus d'un même gène ancestral.

G

Génome : ensemble des gènes d'un individu.

Génotype : ensemble des allèles d'un individu.

GIEC : ensemble d'experts intergouvernemental dont la mission est d'évaluer les risques liés au réchauffement climatique.

Glaciation : période caractérisée par la présence de glaces permanentes aux pôles.

Glucagon : hormone hyperglycémiante, elle augmente la glycémie en stimulant la libération du glucose par le foie.

Glycémie : taux de glucose dans le sang.

Glycolyse : réaction chimique universelle qui a lieu dans le cytoplasme, permettant la transformation du glucose en pyruvate.

GSSP : affleurement de référence permettant de décrire la limite entre deux périodes de temps géologiques. Cette limite repose souvent sur des critères paléontologiques, comme la disparition ou l'apparition d'une espèce fossile.

H

Haploïde : cellule qui possède un seul exemplaire de chaque chromosome, de formule chromosomique n.

Hormone : substance produite par un organe, qui circule dans le sang jusqu'à atteindre son organe cible.

I

Insuline : hormone hypoglycémiante qui baisse la glycémie en stimulant le stockage du glucose par le foie et les cellules musculaires.

Isotopes : se dit de deux atomes qui possèdent le même nombre de protons, mais pas le même nombre de neutrons.

M

Méiose : division cellulaire qui permet la production de 4 gamètes (cellules reproductrices haploïdes).

Méristème : ensemble de cellules indifférenciées permettant la croissance d'une plante et la mise en place de nouveaux organes (feuille, tige, etc.).

Mitochondrie : organite siège de la respiration cellulaire.

Mitose : division cellulaire qui conduit à la formation de deux cellules filles identiques à la cellule mère dont elles sont issues.

Motoneurone ou neurone moteur : neurone en contact avec des cellules musculaires.

Métabolisme : ensemble des réactions qui se déroulent dans une cellule, lui permettant de produire l'énergie (catabolisme) et la matière (anabolisme) dont elle a besoin.

Multiplication végétative : mode de reproduction permettant à une plante de produire d'autres individus génétiquement identiques à elle (clones).

Mycorhize : association symbiotique entre des bactéries du sol et les racines d'une plante.

Myopathies : maladies affectant le tissu musculaire, conduisant souvent à des paralysies.

N

Neurotransmetteurs : molécules libérées par un neurone au niveau d'une synapse et agissant sur d'autres cellules (neurone ou cellule musculaire).

O

Ophiolites : portion de lithosphère océanique charriée sur la lithosphère continentale lors d'une collision continentale.

Organite : compartiment à l'intérieur d'une cellule.

P

Photolyse de l'eau : étape de la photosynthèse qui permet la dégradation d'une molécule d'eau grâce à l'énergie lumineuse.

Pistil : organe reproducteur femelle d'une Angiosperme, contenant les ovules.

Plasticité cérébrale : capacité du cerveau à se réorganiser en fonction des apprentissages et de l'environnement.

Pollinisation : transport des grains de pollen des étamines d'une fleur jusqu'au pistil d'une autre fleur.

Polyploïdisation : phénomène génétique qui conduit à la formation d'un individu polyploïde, c'est-à-dire qui possède plus de deux lots de chromosomes homologues, de formule $>2n$.

Potentiel d'action : inversion transitoire de la polarité de la membrane d'un neurone, codant un message nerveux.

R

Réaction d'oxydo-réduction : réaction chimique au cours de laquelle a lieu un transfert d'électrons. L'élément qui capte l'électron est appelé « réducteur », celui qui le cède « l'oxydant ».

Rendement énergétique (d'une réaction) : rapport entre la quantité d'énergie contenue dans les produits de la réaction par rapport à l'énergie contenue dans les réactifs.

Reproduction sexuée : reproduction biparentale qui conduit à la formation de nouveaux individus au génotype unique. Elle met en jeu la méiose et la fécondation.

S

Sarcomère : unité de base des myofibrilles. Elle peut s'allonger ou se raccourcir, conduisant au relâchement ou à la contraction de la cellule musculaire.

Sélection naturelle : mécanisme évolutif qui conduit à l'augmentation de la fréquence des allèles favorables dans un environnement donné.

Stade glaciaire : laps de temps caractérisé par une extension des glaciers et donc un refroidissement du climat.

Stomate : orifice à la surface des feuilles permettant les échanges gazeux entre la plante et l'environnement.

Stratigraphie : étude des strates (couches) sédimentaires. La biostratigraphie s'intéresse aux fossiles contenus dans les strates.

Stress : ensemble des réponses mises en place par un individu lorsqu'il perçoit une menace.

Synapse : zone de contact entre deux neurones.

Système limbique : ensemble des structures nerveuses impliquées dans la mémoire et la gestion des émotions.

T

Température de fermeture : température limite en dessous de laquelle les atomes constitutifs restent piégés dans une roche ou un minéral.

Transfert horizontal : transfert d'ADN d'un organisme à un autre (qui n'est pas son descendant).

Transporteur ou coenzyme : molécule capable de prendre en charge les électrons et les protons libérés lors d'une réaction chimique.

Tropisme : croissance orientée d'un végétal en réponse à un stimulus environnemental (ex. : la gravité pour le gravitropisme).

V

Vaisseaux conducteurs : vaisseaux permettant la circulation de matière au sein du végétal sous forme de sève brute (xylème) et élaborée (phloème).

$\partial^{18}O$: écart entre le rapport isotopique $^{18}O/^{16}O$ d'un échantillon par rapport à celui d'une référence. C'est un outil permettant d'estimer le climat du passé.